DIETA ANTIINFLAMATORIA

*Una Guía Completa Para La Dieta
Antiinflamatoria Que Incluye Más De 250 Recetas
Comprobadas Para Sanar Su Sistema
Inmunológico Y Vivir Una Vida Saludable*

John Carter

Libro de Cocina de Dieta Anti Inflamatoria

El Plan de Acción de 3 Semanas - Más de 120 Recetas Fáciles de Hacer y un Plan de Comidas Comprobado para Combatir la Inflamación y Tener una Salud Corporal Duradera

John Carter

Derechos de Autor 2019 © John Carter

Aviso de descargo de responsabilidad:

Por favor toma en cuenta que la información contenida en este documento es únicamente para fines educativos y de entretenimiento. Se ha hecho todo lo posible para proporcionar información completa, precisa, actualizada y confiable. No hay garantías de ningún tipo expresas o implícitas. Los lectores reconocen que el autor no participa en la prestación de asesoría legal, financiera, médica o profesional. Al leer este documento, el lector acepta que bajo ninguna circunstancia somos responsables de las pérdidas, directas o indirectas, que se incurran como resultado del uso de la información contenida en este documento, incluidos, entre otros, errores, omisiones o inexactitudes.

Nota Legal:

Este libro está protegido por derechos de autor. Es solamente para uso personal. No está permitido modificar, distribuir, vender, usar, citar o parafrasear ninguna parte o el contenido de este libro sin el consentimiento del autor o propietario de los derechos de autor. En caso de incumplimiento se emprenderán acciones legales.

La información proporcionada en este documento se declara veraz y coherente, ya que cualquier responsabilidad, con respecto a la falta de atención o de otro modo, por el uso o abuso de cualquier política, proceso o dirección contenida en el mismo es responsabilidad única y total del lector receptor. Bajo ninguna circunstancia se tendrá responsabilidad legal o culpa alguna contra el editor por cualquier compensación, daño o pérdida monetaria debido a la información aquí contenida, ya sea directa o indirectamente. Los respectivos autores son propietarios de todos los derechos de autor que el editor no posee.

El autor no es un profesional licenciado, médico o profesional médico y no ofrece tratamiento médico, diagnósticos, sugerencias o asesoría. La información presentada en este documento no ha sido evaluada por la Administración de Drogas y Alimentos de los Estados Unidos y no está destinada a diagnosticar, tratar, curar o prevenir ninguna enfermedad. Se debe obtener la autorización médica completa de un doctor en medicina con licencia antes de comenzar o modificar cualquier dieta, ejercicio o programa de estilo de vida, y se debe informar al médico sobre todos los cambios nutricionales. El autor no se responsabiliza ante ninguna persona o entidad por cualquier responsabilidad, pérdida, daño o muerte causada o presuntamente causada directa o indirectamente como resultado del uso, aplicación o interpretación de la información presentada en este documento.

Tabla de Contenidos

INTRODUCCIÓN 10
   UN VISTAZO A UNA DIETA ANTI-INFLAMATORIA 12
   ¿QUÉ ES LA INFLAMACIÓN CORPORAL? 12
   ¿POR QUÉ DEBES CONTROLARLA? 13
   CONSEJOS INTELIGENTES PARA UN ESTILO DE
   VIDA SIN INFLAMACIONES 15
   ALIMENTOS A CONSUMIR 17
   ALIMENTOS A EVITAR 19
   PLAN DE DIETA DE 3 SEMANAS Y PLAN DE ACCIÓN ... 20

Desayunos y Batidos 33
   Frittata de Setas y Espinacas 34
   Panqueques de Plátano y Canela 36
   Avena con Jengibre 38
   Leche Caliente con Cúrcuma y Canela 40
   Frittata de Espinacas y Queso Cheddar 42
   Tazón de Quinua y Arándanos 44
   Panqueques Clásicos de Banana y Almendras 46
   Granola de Avena y Manzana 48
   Crepes de Coco 50
   Chía Fresa 52
   Desayuno de Huevo y Pimienta 54
   Gachas con Chía y Cáñamo 55
   Batido de Col Rizada y Pistacho 57
   Batido de Menta Veraniego 58
   Batido de Yogur con Higos 60
   Batido de Aguacate con Cacao 62
   Batido de Calabaza y Canela 64
   Zumo de Zanahoria con Piña 66
   Batido de Remolacha y Cereza 67
   Batido Rojo de Piña Exuberante 70

Entradas y Acompañantes 71
   Aperitivos de Patata y Calabacín 72
   Champiñones Rellenos de Espinacas 73
   Mordiscos de Remolacha al Horno 75
   Aperitivo de Col China con Sésamo 76

    Bocaditos de Salmón 77
    Coliflor al Ajo 78
    Empanadillas de Lentejas y Patatas 80
    Aperitivo de Tomate y Ajo 82
    Espárragos Increíbles 83
    Aperitivo de Col Rizada al Ajo 86
Sopas y Estofados 87
    Sopa de Pollo con Verduras 88
    Sopa de Lentejas con Champiñones 90
    Estofado de Chili con Cerdo 92
    Sopa de Pollo Jalapeño 94
    Sopa de Patata con Brócoli 96
    Estofado de Patatas y Atún 98
    Sopa de Pescado y Gambas 100
    Sopa de Tomate Con Yogur 102
    Estofado de Pollo y Alcachofa 104
    Estofado de Vieiras y Gambas 106
    Sopa de Cerdo con Brotes 108
    Sopa de Pollo con Frijoles Blancos 111
    Sopa de Aguacate con Coco 113
    Estofado de Cerdo con Berenjenas 115
    Sopa de Champiñones y Espinacas 117
Aves y Pollo 119
    Ensalada Verde con Pavo 120
    Ensalada de Pollo con Acelgas 122
    Pollo Clásico Italiano con Especias 124
    Ensalada de Pollo y Espinacas 126
    Pollo con Arroz Integral 128
    Hamburguesas de Pavo con Pimienta 130
    Pollo Bruselas 132
    Cazuela de Pollo y Brócoli 134
    Cuscús con Pollo y Zanahoria 136
    Rollito/Tazón de Pavo 138
    Dip de Pollo al Horno con Espinacas 140
    Pollo Entero con Boniatos 142
    Chili con Frijoles y Pollo 144
    Delicia de Pimientos Rellenos 146
    Pollo a la Naranja con Guisantes 149

    Pollo con Brócoli y Hierbas 151
Cerdo, Res y Cordero 153
    Albóndigas de Res con Yogur.. 154
    Kebabs de Cordero al Ajillo con Verduras/Arroz 156
    Chuletas de Cerdo a la Canela... 158
    Cordero a la Mostaza... 159
    Bistec con Col China.. 161
    Cerdo con Manzana y Pasas 163
    Cerdo con Piña y Aguacate 165
    Chuletas con Tomate a las Hierbas 167
    Chuletas de Cerdo al Ajillo con Albahaca 169
    Filete de Cerdo con Nueces 171
    Pastel de Carne de Res sin Pan.. 173
    Cerdo Jalapeño con Calabacines 175
    Chuletas con Bayas.. 177
    Cordero con Coliflor.. 179
    Chuletas a la Parilla con Menta 181
    Chuleta de Cerdo con Brotes 183
Pescado y Marisco... 185
    Champiñones con Camarones y Calabaza............................... 186
    Lubina con Espinacas 188
    Bacalao al Ajillo 190
    Delicia de Bacalao con Pepino 192
    Salmón con Verduras 194
    Gambas con Orégano y Lechuga... 196
    Salmón a la Mexicana con Pimienta 198
    Pescado al Curry.. 200
    Tazón de Salmón con Brócoli 202
    Bacalao al Hinojo 204
    Abadejo con Remolacha.. 206
    Vieiras a la Miel 208
    Secreto de Bacalao con Col Rizada 210
    Deliciosos Camarones al Coco 212
    Sorpresa de Mejillones a las Hierbas....................................... 215
    Chili de Salmón al Coco.. 217
Vegana y Vegetariana.. 219
    Coliflor al Coco con Curry 220
    Ensalada de Col Rizada con Granada...................................... 222

    Chili de Frijoles Negros y Patatas 224
    Verduras con Garbanzos 226
    Ensalada de Explosión de Frutas..228
    Ensalada de Quinua y Aguacate...230
    Hamburguesas de Garbanzos 231
    Garbanzos al Curry con Pasas..233
    Pasta de Alforfón de Calabacín..235
    Lentejas con Arroz Integral...237
    Tazón de Arroz con Champiñones 239
    Rollos de Lechuga y Garbanzos...241
Aperitivos y Salsas..243
    Aperitivo de Prosciutto y Aguacate 244
    Dip de Frijoles con Miel 245
    Dip de Patatas con Frijoles...247
    Patatas Fritas de Calabacín...249
    Bocaditos de Pollo...250
    Dip de Anacardo y Jengibre 252
    Delicia Nocturna de Alforfón...254
    Garbanzos con Especias..256
Postres 258
    Mora Granita 259
    Explosión de Frutas con Especias..260
    Tarta de Cereza 262
    Mousse de Limón con Coco...264
    Barritas de Postre de Quinua..266
    Delicia de Manzana y Pera...268
    Sorpresa de Calabaza y Nueces...270
Conclusión 271

INTRODUCCIÓN

Las toxinas son parte integral de nuestro medio ambiente; están presentes en el aire, el agua y simplemente en todas partes. No importa qué tan precavido seas, estas toxinas, alérgenos y contaminantes ambientales encuentran la forma de introducirse en tu cuerpo. La inflamación es una respuesta autoinmune de nuestro cuerpo para combatir estas toxinas y contaminantes.

Agudas y crónicas, dos tipos principales de inflamación que pueden desencadenarse por cientos de factores diferentes. Nuestra salud puede verse gravemente afectada debido a la inflamación crónica y aguda. Cada año, millones de personas son víctimas de la artritis, una importante enfermedad causada por la inflamación del cuerpo. La psoriasis, la colitis ulcerosa, el lupus, la hepatitis, la sinusitis, la artritis, el dolor de las articulaciones, el dolor de garganta, la úlcera péptica, el asma y gripe son otras complicaciones de salud importantes desencadenadas por la inflamación corporal.

No podemos controlar estos alérgenos, toxinas y contaminantes, pero sí podemos controlar lo que comemos. Los alimentos integrales tienen un sorprendente poder curativo para nutrir nuestro cuerpo desde el interior. Los alimentos que combaten la inflamación están nutricionalmente balanceados y juegan un papel vital para mantener a raya los efectos nocivos de la inflamación.

La creciente popularidad de la dieta antiinflamatoria se explica por sí sola dada su capacidad de transformación de la salud. La dieta ha sido el centro de atención de cientos de instituciones de salud y clínicas dietéticas en todo el mundo. La nutrición antiinflamatoria puede ser un área abrumadora para muchas personas. No hay nada complejo en el manejo de la inflamación del cuerpo, puedes realizar fácilmente cambios en la dieta sin cálculos nutricionales complejos.

La dieta antiinflamatoria se enfoca en hacer cambios saludables en tu dieta actual. Incluye frutas saludables, vegetales verdes, aceites para cocinar sanos y grasas saludables para mantener a raya la inflamación. Las siguientes secciones del libro dan unas pinceladas sobre los beneficios para la salud de la dieta, los mejores alimentos para comer, los que deben evitarse y consejos para hacer cambios saludables en el estilo de vida.

Explora recetas nutritivas y de lucha contra la inflamación en este exclusivo libro de cocina antiinflamatorio. Las recetas están llenas de ingredientes saludables y son muy sencillas de preparar en casa. Este libro incluye un plan de dieta de 3 semanas junto con un plan de acción; es muy beneficioso seguir la dieta durante mucho tiempo.

Prepárate para aprender a preparar estas comidas saludables y tomar el control de la inflamación. Son tu secreto para vivir una vida plena y feliz.

UN VISTAZO A UNA DIETA ANTI-INFLAMATORIA

¿QUÉ ES LA INFLAMACIÓN CORPORAL?

La inflamación no es necesariamente algo malo. Como se mencionó anteriormente, es la reacción natural de nuestro cuerpo a los estímulos externos. Se puede desencadenar en muchas formas de estímulos, incluidas bacterias, virus, hongos, productos químicos, alérgenos, toxinas ambientales, ciertos medicamentos y lesiones en cualquier parte del cuerpo. La inflamación también puede desencadenarse por muchos factores del estilo de vida, como la obesidad, el tabaquismo, el consumo excesivo de alcohol, una dieta sin nutrientes y el estrés crónico.

Nuestro sistema inmunitario funciona en coordinación con muchos otros sistemas dentro de nuestro cuerpo. Forman una red interconectada para completar cientos de funciones corporales de rutina. El sistema inmunitario protege nuestro cuerpo de cualquier forma de ataque externo; cuando detecta cualquier posible daño, produce histaminas y otras sustancias para contrarrestarlo. Tal producción de histamina a menudo conduce a dolor, enrojecimiento e hinchazón.

La inflamación del cuerpo es un proceso estrictamente regulado y debe permanecer bajo control. Cuando se sale de control, comienza a poner en riesgo nuestra salud. Puede ser dañino y perjudicial para los tejidos sanos. Por tal razón, la inflamación debería ser temporal y no permanente. Los signos comunes de inflamación incluyen hinchazón, enrojecimiento o sensación de calor alrededor de varias partes del cuerpo y articulaciones. La inflamación también incluye posibles signos de entumecimiento y dolor.

La inflamación aguda es la respuesta natural de nuestro cuerpo para reparar y sanar los tejidos dañados. El objetivo del cuerpo es limpiar rápidamente nuestro cuerpo de estímulos externos. La inflamación aguda es un fenómeno temporal. La inflamación crónica no es temporal; su duración varía desde semanas hasta meses. Si no se controla, puede crear una enorme cantidad de células inmunes, lo que puede conducir al desarrollo de muchas enfermedades graves.

¿POR QUÉ DEBES CONTROLARLA?

Si no se controla o previene, tanto la inflamación aguda como la crónica pueden conducir a trastornos de salud críticos que alteran totalmente tu estilo de vida. Las principales complicaciones críticas incluyen:

- Síndrome del túnel carpiano
- Enfermedad de Alzheimer
- Psoriasis
- Enfermedad de Crohn
- Ataques cardíacos
- Ciertos tipos de cáncer
- Accidentes cerebrovasculares
- Colitis
- Lupus
- Anemia
- Asma
- Diabetes

- Artritis reumatoide
- Depresión (en casos severos)

CONSEJOS INTELIGENTES PARA UN ESTILO DE VIDA SIN INFLAMACIONES

Además de una dieta saludable, puedes hacer cambios pequeños y efectivos en tu estilo de vida para dar un fuerte golpe a los desencadenantes inflamatorios. Estos pequeños cambios ayudan a tu cuerpo a desarrollar una fuerte resistencia contra los ataques externos.

>> HIDRATACIÓN ADECUADA

La importancia del agua en nuestra vida es bien conocida. Nos permite eliminar los productos de desecho (incluidas toxinas y alérgenos) a través de los riñones. El agua es un componente líquido clave que lubrica numerosas articulaciones del cuerpo. Ayuda en gran medida a mantener una salud ideal de las articulaciones del cuerpo. Un estado adecuadamente hidratado de nuestro cuerpo previene el desarrollo de muchas afecciones inflamatorias. Asegúrate de mantener tu cuerpo bien hidratado bebiendo abundante agua todos los días.

Bebe al menos de 6 a 8 vasos de agua todos los días (aproximadamente 1.5 - 2 litros) para garantizar una hidratación corporal óptima. Incluso un nivel de deshidratación leve a moderado puede causar una respuesta inflamatoria o empeorar los síntomas de inflamación.

>> LA GESTIÓN DE LA DIETA

Cuando estás en una misión para vencer la inflamación, se debe adaptar un enfoque dietético inteligente. La clave es lograr el equilibrio adecuado de nutrientes en la dieta diaria.

Antioxidantes

Se encuentran en vegetales y frutas saludables; son útiles para inhibir el daño celular. Protegen contra la inflamación y el desarrollo de la Artritis Reumatoide.

Grasas saludables

Las grasas saludables son parte esencial de cualquier dieta para prevenir la inflamación. Las grasas saludables, incluidos los ácidos grasos omega-3, ayudan a reducir la inflamación. Son capaces de manejar eficazmente los síntomas de la depresión.

Minerales

Las verduras frescas, verduras de hoja verde, nueces, semillas, etc., son ricas en minerales esenciales como zinc, magnesio, potasio y calcio. Los alimentos procesados y los empacados comercialmente carecen de minerales esenciales; contienen gran cantidad de aditivos y conservantes para desencadenar la respuesta inflamatoria. Las prácticas agrícolas modernas también han contribuido en el proceso de desmineralización del suelo. Como resultado, las plantas reciben menos nutrientes del suelo.

Vitaminas

Las vitaminas son importantes promotores de la antioxidación. La vitamina C ayuda a construir colágeno y reparar las articulaciones. Se sabe que la vitamina D mejora la salud ósea y combate la respuesta inflamatoria causada por alérgenos ambientales. La vitamina E ayuda a aumentar la producción de cartílagos esenciales en nuestro cuerpo. La vitamina D, también conocida como la "vitamina del sol", ayuda a suprimir la respuesta autoinmune. Además, ayuda a controlar los síntomas de depresión.

>> EJERCICIO Y SUEÑO

El estilo de vida sedentario definitivamente no es una buena decisión para nadie. Si no se gestiona a tiempo, puede encaminar a muchas complicaciones de salud. Hacer ejercicio/correr de forma leve a moderada es muy útil para mejorar los efectos de la dieta antiinflamatoria. Incluso unos breves 15-30 minutos de ejercicio leve/trote son altamente efectivos. También puedes optar por clases de yoga.

Dale a tu cuerpo un descanso adecuado; dormir es un gran nutriente de tu salud holística. Asegúrate de tener de 7 a 8 horas de sueño relajante todas las noches. Toma una cantidad de horas razonables de sueño. Tu hora de dormir también es un factor importante. Acostúmbrate a apagar todos los dispositivos electrónicos al menos una hora antes de acostarte.

Para mantener una planificación de comidas sin problemas, haz una lista de todos los ingredientes necesarios y cómpralos en una visita a la tienda de comestibles. Los ingredientes que tienen una vida útil más larga se pueden comprar en mayor cantidad.

ALIMENTOS A CONSUMIR

La dieta antiinflamatoria ayuda a calmar la respuesta inmune de nuestro cuerpo a las reacciones alérgicas. Combate los desencadenantes de efectos nocivos por la exposición de toxinas, alérgenos, bacterias, virus y hongos. A continuación tenemos la lista de ingredientes para combatir la inflamación.

- Ácidos grasos Omega-3 (grasas saludables). Se encuentran en huevos, peces capturados en la naturaleza y cortes de carne alimentados con pasto o criados en pastos.

- Nueces y semillas como semillas de girasol, semillas de calabaza, semillas de chía, almendras, nueces, anarcardos, pistachos, etc.

- Cebollas, jengibre, ajo, pimientos, calabaza y puerros.

- Verduras de hoja verde como espinacas, col rizada, brócoli, coliflor, espárragos, col china, etc.

- Hierbas como romero, albahaca, orégano, perejil, etc.

- Todo tipo de bayas, piña, manzana, naranjas, uvas rojas, etc.

- Granos enteros como arroz integral, mijo, quinua y avena.

- Aceites saludables como el aceite de coco, aceite de oliva virgen extra, aceite de aguacate y aceite de sésamo.

- Lentejas, remolacha, aguacate, té verde, coco, champiñones, calabacín y frijoles.

- Especias como la cúrcuma, la canela, la pimienta negra, el comino, etc.

- Bebidas de leche no animal como leche de almendras, leche de coco, etc.

- Vino tinto (con moderación).

- Miel, sirope de arce, chocolate negro y cacao en polvo.

ALIMENTOS A EVITAR

Después de la inflamación, se deben evitar los alimentos desencadenantes. Elimínalos de tu dieta diaria y retíralos de los estantes de la despensa.

- Carnes procesadas: Están cargadas de grasas saturadas (salchichas, perros calientes, hamburguesas, filetes, etc.).

- Grasas poco saludables como manteca, margarina y manteca vegetal.

- Productos con azúcar añadida (excepto las frutas naturales): todos los productos enlatados con azúcares agregados como sopas, frutas enlatadas, yogures, barritas, etc.

- Frutas enlatadas sin endulzar, los tomates, etc. deben consumirse con moderación.

- Bebidas comerciales a base de azúcar, bebidas y zumos de frutas.

- Todos los alimentos procesados y envasados: son ricos en aditivos, colorantes artificiales y conservantes.

- Carbohidratos refinados que incluyen panes blancos, pasta blanca y fideos.

- Alimentos que contienen grasas trans: alimentos procesados comercialmente, alimentos fritos, dulces, helados y productos horneados (galletas, galletas saladas, repostería, pasteles, pastelillos, etc.).

- Bebidas alcohólicas.

PLAN DE DIETA DE 3 SEMANAS Y PLAN DE ACCIÓN

Hacer un plan de dieta perfecto se trata de consumir el desayuno y otras comidas con la mayor variedad posible. Mantiene tu dieta diaria emocionante con varios sabores para disfrutar. El siguiente es un plan de dieta de muestra durante 21 días (3 semanas).

Algunos planes de acción a tener en cuenta.

>> No es obligatorio seguir el siguiente plan de comidas de manera estricta. Si te antojas de una receta en particular en un día determinado, puedes reemplazarla. Tu plan de dieta es perfecto siempre que incluyas recetas antiinflamatorias.

>> Para el almuerzo, el libro incluye muchas recetas de ensaladas y sopas. El almuerzo es una comida ligera y a algunas personas les gusta comer ensalada o sopa. Para simplificarlo, puedes elegir cualquier receta de sopa o ensalada de la lista a continuación. De esa manera, tendrás 3 opciones cada día para elegir para el almuerzo.

Recetas de sopa y ensalada para el almuerzo.

- Ensalada de Frutas
- Ensalada de Aguacate y Quinua
- Ensalada de Col Rizada y Granada
- Ensalada Verde con Pavo
- Ensalada de Acelgas con Pollo

- Ensalada de Espinacas y Pollo
- Sopa de Lentejas y Champiñones
- Sopa de Pollo y Jalapeño
- Sopa de Patata y Brócoli
- Sopa de Tomate y Yogur
- Sopa de Aguacate con Coco
- Sopa de Champiñones y Espinacas

>> Los batidos son algo extra para tomar junto con el desayuno de la mañana. Puedes elegir entre desayuno y batido o solamente desayuno.

>> A muchas personas les gusta tomar solo zumo o batido para desayunar. Tomar solo un batido o zumo para el desayuno también es una opción perfectamente saludable.

>> Las entradas y acompañantes son totalmente opcionales. A algunas personas les gusta comer algunas verduras junto con sus comidas. Depende totalmente de tu preferencia.

>> Los refrigerios y los postres también son opcionales. Merendar entre el almuerzo y la cena es algo opcional.

>> Los postres dependen de tus antojos. Puedes tomar postre según tu preferencia.

Día 1	
Desayuno	Panqueques de Banana y Canela y/o Batido de Menta Veraniego
Aperitivo/Acompañante	Picadera de Salmón
Almuerzo	Albóndigas de ternera con yogur o ensalada o sopa de tu elección
Merienda	Dip de Anacardo y Jengibre
Cena	Estofado de Cerdo con Chile o Cerdo Jalapeño con Calabacín o Salmón con Chile y Coco
Postre	Barritas de Postre de Quinua

Día 2	
Desayuno	Frittata de setas y espinacas y/o Batido de Col Rizada y Pistacho
Aperitivo/Acompañante	Sésamo con Col China
Almuerzo	Pollo Italiano Clásico con Especias o tu elección de sopa o ensalada
Merienda	Chips de Calabacín
Cena	Sopa de Pollo con Verduras o Cerdo con Piña y Aguacate
Postre	Mousse de Coco al Limón

Día 3	
Desayuno	Avena al Jengibre y/o Batido de Yogur con Higos
Aperitivo/Acompañante	Remolacha al Horno
Almuerzo	Brochetas de Cordero al Ajillo con Verduras/Arroz o tu elección de sopa o ensalada
Merienda	Judías con Patatas
Cena	Pastel de Carne de Res sin Pan o Sorpresa de Mejillones a Base de Hierbas
Postre	Tarta de Cereza
Día 4	
Desayuno	Chía Fresa y/o Zumo de Piña con Zanahoria
Aperitivo/Acompañante	Champiñones Rellenos de Espinacas
Almuerzo	Camarones Champiñones Calabaza o tu elección de ensalada o sopa
Merienda	Dip de Frijoles con Miel
Cena	Estofado de Patata y atún o Filete de Cerdo con Nueces
Postre	Explosión de Frutas con Especias

Día 5	
Desayuno	Desayuno de Huevo y Pimienta y/o Batido de Calabaza y Canela
Aperitivo/Acompañante	Aperitivos de Patata y Calabacín
Almuerzo	Pollo con Arroz Integral o tu elección de sopa o ensalada
Merienda	Aperitivo de Jamón y Aguacate
Cena	Pollo Bruselas o Patatas con Chili de Frijoles Negros
Postre	Mora Granita

Día 6	
Desayuno	Crepes de Coco y/o Batido de Calabaza y Canela
Aperitivo/Acompañante	Coliflor al Ajillo
Almuerzo	Pollo con Arroz Integral / Tazón de Brocoli con Salmón o tu elección de sopa o ensalada
Merienda	Bocaditos de Pollo
Cena	Pollo a la Naranja con Guisantes o Deliciosas Gambas al Coco
Postre	Delicia de Manzana y Pera

Día 7	
Desayuno	Granola de Avena y Manzana y/o Batido de Aguacate con Cacao
Aperitivo/Acompañante	Empanadillas de Lentejas y Patatas
Almuerzo	Rollos de Lechuga y Garbanzos o tu elección de sopa o ensalada
Merienda	Delicia Nocturna de Alforfón
Cena	Chuletas de Cerdo al Ajillo con Albahaca o Sopa de Pescado y Gambas
Postre	Sorpresa de Calabaza y Nueces

Día 8	
Desayuno	Panqueques Clásicos con Banana y Almendras y/o Batido de Yogur con Higos
Aperitivo/Acompañante	Aperitivos de Patata y Calabacín
Almuerzo	Chuletas de Cerdo a la Canela o tu elección de sopa o ensalada
Merienda	Bocaditos de Pollo
Cena	Cuscús con Pollo y Zanahoria o Secreto de Bacalao con Col Rizada
Postre	Mousse de Limón con Coco

Día 9	
Desayuno	Tazón de Quinua y Arándanos y/o Batido de Menta Veraniego
Aperitivo/Acompañante	Champiñones Rellenos de Espinacas
Almuerzo	Rollito/Tazón de Pavo o tu elección de sopa o ensalada
Merienda	Aperitivo de Prosciutto y Aguacate
Cena	Chuletas con Bayas o Chuletas con Tomate a las Hierbas
Postre	Barritas de Postre de Quinua

Día 10	
Desayuno	Frittata de Espinacas y Queso Cheddar y/o Batido de Col Rizada y Pistacho
Aperitivo/Acompañante	Mordiscos de Remolacha al Horno
Almuerzo	Corvina con Espinacas o tu elección de sopa o ensalada
Merienda	Patatas Fritas de Calabacín
Cena	Estofado de Pollo y Alcachofa o Garbanzos con Pasas al Curry
Postre	Delicia de Manzana y Pera

Día 11	
Desayuno	Avena con Jengibre y/o Leche Caliente con Cúrcuma y Canela
Aperitivo/Acompañante	Aperitivo de Col China con Sésamo
Almuerzo	Gambas con Orégano y Lechuga / Salmón a la Pimienta Mexicana o tu elección de sopa o ensalada
Merienda	Dip de Patatas con Frijoles
Cena	Dip de Pollo al Horno con Espinacas o Vieiras a la Miel
Postre	Sorpresa de Calabaza y Nueces

Día 12	
Desayuno	Panqueques de Banana y Canela y/o Batido de Col Rizada y Pistacho
Aperitivo/Acompañante	Coliflor al Ajo
Almuerzo	Tazón de Arroz con Champiñones o tu elección de sopa o ensalada
Merienda	Dip de Frijoles con Miel
Cena	Sopa de Pescado y Gambas o Chili con Frijoles y Pollo
Postre	Mora Granita

Día 13	
Desayuno	Frittata de Setas y Espinacas y/o Zumo de Piña con Zanahoria
Aperitivo/Acompañante	Bocaditos de Salmón
Almuerzo	Cordero a la Mostaza o tu elección de sopa o ensalada
Merienda	Patatas Fritas de Calabacín
Cena	Estofado de Vieiras y Gambas o Cordero con Coliflor o Cerdo con Piña y Aguacate
Postre	Explosión de Frutas con Especias

Día 14	
Desayuno	Gachas con Chía y Cáñamo y/o Batido de Col Rizada y Pistacho
Aperitivo/Acompañante	Empanadillas de Lentejas y Patatas
Almuerzo	Bacalao al Ajillo o tu elección de sopa o ensalada
Merienda	Dip de Patatas con Frijoles
Cena	Pollo Entero con Boniatos o Abadejo con Remolacha
Postre	Tarta de Cereza

Día 15	
Desayuno	Desayuno de Huevo y Pimienta y/o Batido de Menta Veraniego
Aperitivo/Acompañante	Aperitivo de Tomate y Ajo
Almuerzo	Coliflor con Coco al Curry o tu elección de sopa o ensalada
Merienda	Dip de Anacardo y Jengibre
Cena	Pollo Bruselas o Pasta de Alforfón de Calabacín
Postre	Mousse de Limón con Coco

Día 16	
Desayuno	Desayuno Chía Fresa y/o Leche Caliente con Cúrcuma y Canela
Aperitivo/Acompañante	Espárragos Increíbles
Almuerzo	Cazuela de Pollo y Brócoli o tu elección de sopa o ensalada
Merienda	Delicia Nocturna de Alforfón
Cena	Sopa de Brotes de Cerdo o Chuletas a la Parrilla con Menta o Cerdo con Manzana y Pasas
Postre	Barritas de Postre de Quinua

Día 17

Desayuno	Crepes de Coco y/o Batido de Yogur con Higos
Aperitivo/Acompañante	Aperitivo de Col Rizada al Ajo
Almuerzo	Delicia de Bacalao con Pepino o tu elección de sopa o ensalada
Merienda	Garbanzos con Especias
Cena	Chili con Frijoles y Pollo o Bistec con Col China
Postre	Delicia de Manzana y Pera

Día 18

Desayuno	Granola de Avena y Manzana y/o Batido de Aguacate con Cacao
Aperitivo/Acompañante	Aperitivos de Patata y Calabacín
Almuerzo	Empanadillas de Garbanzos o tu elección de sopa o ensalada
Merienda	Bocaditos de Pollo
Cena	Pollo con Brócoli y Hierbas o Bacalao al Hinojo
Postre	Sorpresa de Calabaza y Nueces

Día 19	
Desayuno	Panqueques Clásicos con Banana y Almendras y/o Batido de Calabaza y Canela
Aperitivo/Acompañante	Champiñones Rellenos de Espinacas
Almuerzo	Chuletas de Cerdo a la Canela o tu elección de sopa o ensalada
Merienda	Aperitivo de Prosciutto y Aguacate
Cena	Sopa de Pollo con Frijoles Blancos o Delicia de Pimientos Rellenos
Postre	Mora Granita

Día 20	
Desayuno	Panqueques Clásicos con Banana y Almendras y/o Batido de Remolacha y Cereza
Aperitivo/Acompañante	Mordiscos de Remolacha al Horno
Almuerzo	Salmón con Verduras o tu elección de sopa o ensalada
Merienda	Dip de Frijoles con Miel
Cena	Chuleta de Cerdo con Brotes o Lentejas con Arroz Integral
Postre	Explosión de Frutas con Especias

Día 21	
Desayuno	Tazón de quinua y arándanos y/o Batido Rojo Exuberante de Piña
Aperitivo/Acompañante	Aperitivo de Col China con Sésamo
Almuerzo	Vegetales con Garbanzos o tu elección de sopa o ensalada
Merienda	Patatas Fritas de Calabacín
Cena	Estofado de Cerdo con Berenjenas o Pollo a la Naranja con Guisantes o Pescado al Curry
Postre	Tarta de Cereza

Desayunos y Batidos

Frittata de Setas y Espinacas

Tiempo de Preparación: 25 minutos

Tamaño de Porción: 4

Tipo de Dieta: Sin Gluten, Sin Soya, Sin Lácteos, Sin Nueces

Ingredientes:

- 2 cucharadas de aceite de coco o aguacate
- 8 huevos
- 2 puerros, picados muy finos
- ½ cucharadita de ajo en polvo
- ½ cucharadita de albahaca seca
- 1 taza de champiñones cremini (cortados en rodajas)
- 1 taza de hojas de espinaca baby
- Pimienta negra molida al gusto
- ¾ cucharadita de sal

Modo de Preparación:

1. Precalienta el horno a 400°F.
2. Toma una sartén a prueba de horno o una cacerola (tamaño grande). En la sartén o cacerola, calienta el aceite a fuego medio-alto.
3. Añade y saltea los puerros durante aproximadamente 5 minutos hasta que se ablanden.
4. Toma un tazón, bate los huevos. Agrega la sal, el ajo en polvo y la albahaca; mezcla bien.
5. Agrega la mezcla del tazón sobre los puerros; revuelve durante 4-5 minutos.
6. Agrega las espinacas y los champiñones; mezcla bien. Sazona con pimienta negra.
7. Coloca la sartén/cacerola en el horno. Hornea durante 10 minutos o hasta que los huevos estén bien cocidos.
8. Repártelo en platos y sirve caliente.

Valores Nutricionales (Por porción):

Calorías 264, Grasa16g, Carbohidratos 17g, Fibra 3g, Proteína 19g

Panqueques de Plátano y Canela

Tiempo de Preparación: 15 minutos

Tamaño de Porción: 2

Tipo de Dieta: Sin Gluten, Sin Lácteos, Sin Soya, Sin Nueces

Ingredientes:

- 2 huevos
- 1 clara de huevo
- 1 taza de copos de avena
- 1 banana madura, pelada
- 2 cucharaditas de canela molida
- 1 cucharadita de extracto de vainilla
- ½ cucharadita de sal
- 1 cucharada de aceite de coco

Modo de Preparación:

1. En una licuadora, agrega la avena y muele para hacer una harina gruesa. Agrega la clara de huevo, plátano, huevos, canela, vainilla y sal. Mezcla para hacer una masa suave.

2. En una sartén (también puedes usar una cacerola); calienta ½ cucharada de aceite a fuego medio en la estufa.

3. Agrega la mitad de la masa a la sartén y esparece uniformemente. Cocina por alrededor de 2 minutos hasta que se formen pequeñas burbujas. Da la vuelta y cocina el otro lado durante unos 2 minutos.
4. Repite lo mismo con la masa restante y sirve caliente.

Valores Nutricionales (Por porción):

Calorías 248, Grasa 7g, Carbohidratos 31g, Fibra 8g, Proteína 12g

Avena con Jengibre

Tiempo de Preparación: 15-20 minutos

Tamaño de Porción: 4

Tipo de Dieta: Sin Gluten, Sin Lácteos, Sin Soya, Sin Nueces, Vegana, Vegetariana

Ingredientes:

- ¼ cucharadita de cilantro molido
- 1½ cucharadas de canela en polvo
- ¼ cucharadita de clavo molido
- 1 taza de avena, corte de acero
- 4 tazas de agua
- ¼ cucharadita de pimienta de Jamaica molida
- ¼ cucharadita de cardamomo molido
- ¼ cucharadita de jengibre rallado
- Una pizca de nuez moscada molida

Modo de Preparación:

1. En una sartén (también puedes usar una cacerola); calienta el agua a fuego medio en la estufa.
2. Agrega la avena y remueve la mezcla.

3. Agrega los clavos, el jengibre, la pimienta de Jamaica, el cilantro, la canela, el cardamomo y la nuez moscada, revuelve y cocina por 15 minutos.
4. Agrega en tazones y sírvelo caliente.

Valores Nutricionales (Por porción):

Calorías 179, Grasa 3g, Carbohidratos 13g, Fibra 5g, Proteína 6g

Leche Caliente con Cúrcuma y Canela

Tiempo de Preparación: 5 minutos

Tamaño de Porción: 2

Tipo de Dieta: Sin Gluten, Sin Lácteos, Sin Soya, Vegana, Vegetariana

Ingredientes:

- ¼ cucharadita de jengibre molido
- 1½ cucharadita de cúrcuma en polvo
- 1½ tazas de leche de coco
- 1½ tazas de leche de almendra
- 1 cucharada de aceite de coco
- ¼ cucharadita de canela en polvo

Modo de Preparación:

1. En una sartén (también puedes usar una cacerola); calienta las leches a fuego medio.
2. Agrega el jengibre, el aceite, la cúrcuma y la canela; revuelve y cocina por 5 minutos.
3. Sírvelo caliente.

Valores Nutricionales (Por porción):

Calorías 168, Grasa 3g, Carbohidratos 7g, Fibra 4g, Proteína 6g

Frittata de Espinacas y Queso Cheddar

Tiempo de Preparación: 35 minutos

Tamaño de Porción: 4

Tipo de Dieta: Sin Gluten, Sin Soya

Ingredientes:

- ¼ taza de leche de coco
- 1 cebolla amarilla picada
- 4 onzas de champiñones blancos (cortados en rodajas)
- 2 cucharadas de aceite de oliva
- 2 tazas de espinacas picadas
- 1 taza de queso cheddar (rallado o en polvo)
- 6 huevos
- Una pizca de pimienta negra (molida) y sal

Modo de Preparación:

1. En una sartén (también puedes usar una cacerola); calienta el aceite a fuego medio en la estufa.
2. Agrega las cebollas, revuelve la mezcla y cocina mientras mueves durante aproximadamente 3 minutos hasta que se ablanden.
3. Agrega los champiñones, sal y pimienta, revuelve y cocina durante 2 minutos más.

4. En un tazón (tamaño mediano), mezcla los huevos, el queso, la pimienta y la sal. Agrega la mezcla sobre los champiñones.
5. Añade las espinacas, remueve la mezcla.
6. Precalienta el horno a 360°F.
7. Coloca la sartén en el horno. Hornea durante 25 minutos. Corta y sirve la frittata.

Valores Nutricionales (Por porción):

Calorías 204, Grasa 3g, Carbohidratos 16g, Fibra 6g, Proteína 6g

Tazón de Quinua y Arándanos

Tiempo de Preparación: 5 minutos

Tamaño de Porción: 2

Tipo de Dieta: Sin Gluten, Sin Lácteos, Sin Soya, Vegetariana

Ingredientes:

- 2 tazas de quinua cocida
- ¼ taza de nueces picadas y tostadas
- 1 taza de leche de anacardo o almendras, tibia
- 1 taza de arándanos
- 2 cucharaditas de miel cruda
- ½ cucharadita de canela en polvo
- 1 cucharada de semillas de chía

Modo de Preparación:

1. En un tazón (tamaño mediano), mezcla la leche tibia con las nueces, miel, arándanos, quinua, canela y semillas de chía.
2. Mézclalo bien.
3. Agrega en tazones y sirve.

Valores Nutricionales (Por porción):

Calorías 146, Grasa 2g, Carbohidratos 14g, Fibra 5g, Proteína 6g

Panqueques Clásicos de Banana y Almendras

Tiempo de Preparación: 10-15 minutos

Tamaño de Porción: 4

Tipo de Dieta: Sin Gluten, Sin Lácteos, Sin Soya

Ingredientes:

- 1 cucharadita de bicarbonato de sodio
- 3 huevos batidos
- ½ taza de harina de almendras
- ¼ taza de harina de coco
- 2 bananas peladas y machacadas
- 1 cucharadita de extracto puro de vainilla
- 1 cucharada de aceite de coco
- Sirope de arce puro al gusto (opcional)

Modo de Preparación:

1. En un tazón (tamaño mediano), mezcla las harinas y el bicarbonato de sodio hasta que estén bien mezclados.
2. Haz un espacio en el centro y agrega los plátanos, los huevos y la vainilla. Remueve la mezcla nuevamente.
3. En una sartén (también puedes utilizar una olla); calienta en la estufa 1/4 de aceite a fuego medio.
4. Vierte ¼ de taza de masa y extiende uniformemente.
5. Cocina durante unos 3 minutos, hasta que se formen burbujas en la superficie. Da la vuelta y cocina por unos 2 minutos más.
6. Repite con la masa restante. Sírvelo rociado de sirope de arce.

Valores Nutricionales (Por porción):

Calorías 127, Grasa 7g, Carbohidratos 9g, Fibra 3g, Proteína 5g

Granola de Avena y Manzana

Tiempo de Preparación: 45 minutos

Tamaño de Porción: 6

Tipo de Dieta: Sin Gluten, Sin Lácteos, Sin Soya, Sin Nueces, Vegana, Vegetariana

Ingredientes:

- 1 taza de semillas de girasol
- 1 taza de semillas de calabaza
- 2 tazas de avena
- 1 taza de alforfón
- 1 taza de puré de manzana
- 1½ tazas de dátiles, sin hueso y picado
- 6 cucharadas de aceite de coco
- 5 cucharadas de cacao en polvo
- 1 cucharadita de jengibre (rallado o en polvo)

Modo de Preparación:

1. Precalienta el horno a 360°F.
2. En un tazón, mezcla los dátiles, puré de manzana, aceite, alforfón, avena, semillas, cacao en polvo y jengibre.

3. Coloca sobre una bandeja cubierta con papel de hornear, presiona bien para que tenga un grosor uniforme.
4. Hornea durante 45 minutos o hasta que se cocine bien.
5. Rebana y sírvelo caliente.

Valores Nutricionales (Por porción):

Calorías 168, Grasa 3g, Carbohidratos 12g, Fibra 3g, Proteína 7g

Crepes de Coco

Tiempo de Preparación: 20-25 minutos

Tamaño de Porción: 4

Tipo de Dieta: Sin Gluten, Sin Lácteos, Sin Soya

Ingredientes:

- ½ taza de leche de almendra
- ½ taza de agua
- 2 huevos
- 1 cucharadita de extracto de vainilla
- 2 cucharadas de sirope de arce o néctar de agave
- 1 taza de harina de coco
- 3 cucharadas de aceite de coco

Modo de Preparación:

1. En un tazón (tamaño mediano), bate los huevos. Añade el extracto de vainilla, leche, agua y edulcorante. Bate bien la mezcla.
2. Agrega la harina y 1 cucharada de aceite; mezcla hasta logar una masa suave.
3. En una sartén (también puedes utilizar una olla) calienta ¼ cucharada de aceite a fuego medio en la estufa.

4. Vierte ¼ de taza de masa y extiende uniformemente.
5. Cocina hasta que se vuelva marrón claro. Da la vuelta y cocina hasta que se vuelva marrón claro.
6. Repite con la masa restante.

Valores Nutricionales (Por porción):

Calorías 132, Grasa 3g, Carbohidratos 13g, Fibra 5g, Proteína 6g

Chía Fresa

Tiempo de Preparación: 30 minutos

Tamaño de Porción: 4

Tipo de Dieta: Sin Gluten, Sin Lácteos, Sin Soya, Vegetariana

Ingredientes:

- 1 cucharadita de extracto puro de vainilla
- ¼ taza de semillas de chía

- ¼ taza de coco rallado, sin azúcar
- ¾ taza de agua
- ¾ taza de leche de almendras sin azúcar
- 2 cucharadas de miel cruda
- ½ taza de fresas, en láminas

Modo de Preparación:

1. En un tazón (tamaño mediano), mezcla el agua, leche y vainilla.
2. Añade las semillas de chía y mezcla bien. Cubre el tazón y refrigera durante 30 minutos o toda la noche.
3. Mezcla el coco y la miel.
4. Agrega la gacha en tazones para servir. Sirve cubierto con las fresas.

Valores Nutricionales (Por porción):

Calorías 123, Grasa 7g, Carbohidratos 14g, Fibra 5g, Proteína 2g

Desayuno de Huevo y Pimienta

Tiempo de Preparación: 5 minutos

Tamaño de Porción: 2

Tipo de Dieta: Sin Gluten, Sin Lácteos, Sin Soya, Sin Nueces

Ingredientes:

- Una pizca de ajo en polvo
- Una pizca de pimienta negra (molida) y sal
- 1 cucharada de aceite de oliva
- ½ taza de cebollas amarillas picadas
- ½ taza de pimiento rojo picado
- 2 huevos

Modo de Preparación:

1. En una sartén (también puedes usar una cacerola) calienta el aceite a fuego medio en la estufa.
2. Añade las cebollas, remueve la mezcla y cocina mientras revuelves durante aproximadamente 2-3 minutos hasta que se ablande.
3. Añade el pimiento morrón, ajo en polvo, sal y pimienta, remueve y cocina durante 2-3 minutos más.
4. Añade los huevos, remueve hasta que los huevos estén bien cocinados. Sírvelo caliente.

Valores Nutricionales (Por porción):

Calorías 216, Grasa 6g, Carbohidratos 14g, Fibra 7g, Proteína 11g

Gachas con Chía y Cáñamo

Tiempo de Preparación: 15 minutos

Tamaño de Porción: 2

Tipo de Dieta: Sin Gluten, Sin Lácteos, Sin Soya, Vegana, Vegetariana

Ingredientes:

- 2 cucharadas de semillas de chía
- 1 taza de leche de almendras
- ¼ taza de leche de coco
- ¼ taza de nueces picadas y tostadas
- 2 cucharadas de semillas de cáñamo, tostadas
- ¼ taza de coco, rallado y tostado
- 1 cucharada de aceite de coco
- ¼ taza de mantequilla de almendras
- ½ cucharadita de cúrcuma en polvo
- Una pizca de pimienta negra

Modo de Preparación:

1. En una sartén (también puedes usar una cacerola); calentar las leches a fuego medio.

2. Añade las nueces, semillas, coco, cúrcuma, pimienta negra; remueve y cuece durante aproximadamente 4-5 minutos.

3. Añade el aceite de coco y la mantequilla de almendras, remueve la mezcla y enfría durante 5 minutos.

4. Sirve y disfruta.

Valores Nutricionales (Por porción):

Calorías 148, Grasa 11g, Carbohidratos 16g, Fibra 6g, Proteína 11g

Batido de Col Rizada y Pistacho

Tiempo de Preparación: 5 minutos

Tamaño de Porción: 2

Tipo de Dieta: Sin Gluten, Sin Lácteos, Sin Soya, Vegana, Vegetariana

Ingredientes:

- 2 bananas congeladas, cortada en trozos
- ½ taza de pistachos sin cáscara
- 1 taza de leche de almendras sin azúcar
- 1 taza de col rizada cortada
- 2 cucharadas de sirope de arce puro
- 1 cucharadita de extracto puro de vainilla
- 3-4 cubitos de hielo (opcional)

Modo de Preparación:

1. Toma una licuadora de alta velocidad (también puedes utilizar un procesador de alimentos) y abre la tapa superior.
2. Añade la leche y los otros ingredientes. Añade cubitos de hielo si te gusta tu batido helado.
3. Licúa los ingredientes a velocidad alta para obtener una textura similar a la de un batido.
4. Añade la mezcla en un vaso y disfruta del batido.

Valores Nutricionales (Por porción):

Calorías 278, Grasa 4g, Carbohidratos 41g, Fibra 5g, Proteína 6g

Batido de Menta Veraniego

Tiempo de Preparación: 5 minutos

Tamaño de Porción: 2

Tipo de Dieta: Sin Gluten, Sin Lácteos, Sin Soya, Sin Nueces, Vegetariana

Ingredientes:

- 1 banana cortada en trozos
- ½ aguacate
- 1 taza de leche de coco
- 1 taza de hojas de espinaca fresca

- ½ pepino inglés cortado en trozos
- 2 cucharadas de menta fresca picada
- 1 cucharada de zumo de limón
- 1 cucharada de miel cruda
- 3-4 cubitos de hielo (opcional)

Modo de Preparación:

1. Toma una licuadora de alta velocidad (también puedes utilizar un procesador de alimentos) y abre la tapa superior.
2. Añade la leche y los otros ingredientes. Añade cubitos de hielo si te gusta tu batido helado.
3. Licúa los ingredientes a velocidad alta para obtener una textura similar a la de un batido.
4. Añade la mezcla en vasos y disfruta de la rica bebida.

Valores Nutricionales (Por porción):

Calorías 384, Grasa 21g, Carbohidratos 32g, Fibra 9g, Proteína 6g

Batido de Yogur con Higos

Tiempo de Preparación: 5 minutos

Tamaño de Porción: 2

Tipo de Dieta: Sin Gluten, Sin Lácteos, Sin Soya, Vegetariana

Ingredientes:

- 1 taza de yogur natural entero
- 1 taza de leche de almendras
- 6-7 higos enteros cortados por la mitad
- 1 banana cortada en trozos
- 1 cucharada de mantequilla de almendras (opcional)
- 1 cucharadita de linaza molida
- 1 cucharadita de miel cruda
- Cubitos de hielo (opcional)

Modo de Preparación:

1. Toma una licuadora de alta velocidad (también puedes utilizar un procesador de alimentos) y abre la tapa superior.
2. Añade la leche, el yogur y los demás ingredientes. Añade cubitos de hielo si prefieres tu batido helado.
3. Licúa los ingredientes a alta velocidad para obtener una textura similar a un licuado.

4. Añade la mezcla en vasos y disfruta del batido fresco.

Valores Nutricionales (Por porción):

Calorías 258, Grasa 2g, Carbohidratos 48g, Fibra 9g, Proteína 8g

Batido de Aguacate con Cacao

Tiempo de Preparación: 5 minutos

Tamaño de Porción: 2

Tipo de Dieta: Sin Gluten, Sin Lácteos, Sin Soya, Vegetariana

Ingredientes:

- ½ aguacate, picado y cortado por la mitad
- ½ banana, cortada en trozos
- 1 taza de leche de almendras sin azúcar
- 1 taza de col rizada cortada
- 1 cucharada de aceite de coco
- 1 cucharada de miel cruda
- 1 cucharadita de extracto puro de vainilla
- 2 cucharadas de cacao en polvo
- 4 cubitos de hielo

Modo de Preparación:

1. Toma una licuadora de alta velocidad (también puedes utilizar un procesador de alimentos) y abre la tapa superior.
2. Añade la leche y los demás ingredientes. Añade cubitos de hielo si prefieres tu batido helado.

3. Licúa los ingredientes a velocidad alta para obtener una textura similar a un licuado.
4. Vierte la mezcla en vasos y disfruta del batido fresco.

Valores Nutricionales (Por porción):

Calorías 286, Grasa 19g, Carbohidratos 25g, Fibra 5g, Proteína 3g

Batido de Calabaza y Canela

Tiempo de Preparación: 5 minutos

Tamaño de Porción: 2

Tipo de Dieta: Sin Gluten, Sin Lácteos, Sin Soya, Vegana, Vegetariana

Ingredientes:

- 1 cucharada de sirope de arce
- 1 cucharadita de jengibre (rallado o en polvo)
- 1 taza de leche de almendras sin azúcar
- 1 taza de puré de calabaza

- ¼ cucharadita de canela molida
- ⅛ cucharadita de nuez moscada molida
- Pizca de clavo molido
- Pizca de cardamomo molido
- 4 cubitos de hielo

Modo de Preparación:

1. Toma una licuadora de alta velocidad (también puedes utilizar un procesador de alimentos) y abre la tapa superior.
2. Añade la leche y los demás ingredientes. Añade cubitos de hielo si prefieres tu batido helado.
3. Licúa los ingredientes a velocidad alta para obtener una textura similar a un licuado.
4. Vierte la mezcla en vasos y disfruta del batido fresco.

Valores Nutricionales (Por porción):

Calorías 84, Grasa 2g, Carbohidratos 17g, Fibra 4g, Proteína 2g

Zumo de Zanahoria con Piña

Tiempo de Preparación: 5 minutos

Tamaño de Porción: 2

Tipo de Dieta: Sin Gluten, Sin Lácteos, Sin Soya, Sin Nueces, Vegana, Vegetariana

Ingredientes:

- 8 zanahorias, peladas y picadas
- 3 tazas de piña fresca picada
- ¼ taza de agua
- 1 pieza (1 pulgada) de jengibre pelado
- Cubitos de hielo, para servir

Modo de Preparación:

1. Toma una licuadora de alta velocidad (también puedes utilizar un procesador de alimentos) y abre la tapa superior.
2. Añade la leche y los demás ingredientes.
3. Mezcla los ingredientes a alta velocidad hasta lograr una mezcla suave.
4. Cuela la mezcla con una estopilla en un tazón grande. Exprime a través de la estopilla.
5. Vierte la mezcla colada en vasos, agrega los cubitos de hielo (opcional) y disfruta del zumo fresco.

Valores Nutricionales (Por porción):

Calorías 124, Grasa 1g, Carbohidratos 38g, Fibra 2g, Proteína 3g

Batido de Remolacha y Cereza

Tiempo de Preparación: 5 minutos

Tamaño de Porción: 2

Tipo de Dieta: Sin Gluten, Sin Lácteos, Sin Soya, Vegana, Vegetariana

Ingredientes:

- ½ banana, cortada en trozos
- ½ taza de cerezas, sin hueso
- 10 onzas de leche de almendras
- 2 remolachas, peladas y cortadas en trozos pequeños
- 1 cucharada de mantequilla de almendras
- 3-4 cubitos de hielo (opcional)

Modo de Preparación:

1. Toma una licuadora de alta velocidad (también puedes utilizar un procesador de alimentos) y abre la tapa superior.
2. Añade la leche y los otros ingredientes. Añade cubitos de hielo si lo prefieres helado.
3. Licúa los ingredientes a velocidad alta para obtener una textura similar a un licuado.
4. Sirve la mezcla en vasos y disfruta del batido fresco.

Valores Nutricionales (Por porción):

Calorías 156, Grasa 5g, Carbohidratos 12g, Fibra 5g, Proteína 6g

Batido Rojo de Piña Exuberante

Tiempo de Preparación: 5 minutos

Tamaño de Porción: 2

Tipo de Dieta: Sin Gluten, Sin Lácteos, Sin Soya, Sin Nueces, Vegana, Vegetariana

Ingredientes:

- 1 banana, cortada en trozos
- ½ taza de frambuesas frescas
- 1 taza de agua de coco
- ½ taza de zumo de piña sin azúcar
- ½ taza de coco rallado sin azúcar
- 3-4 cubitos de hielo

Modo de Preparación:

1. Toma una licuadora de alta velocidad (también puedes utilizar un procesador de alimentos) y abre la tapa superior.
2. Añade el agua de coco y los demás ingredientes. Añade cubitos de hielo si lo prefieres helado.
3. Licúa los ingredientes a velocidad alta para obtener una textura similar a un licuado.
4. Añade la mezcla en vasos y disfruta del batido fresco.

Valores Nutricionales (Por porción):

Calorías 214, Grasa 9g, Carbohidratos 28g, Fibra 7g, Proteína 3g

Entradas

y

Acompañantes

Aperitivos de Patata y Calabacín

Tiempo de Preparación: 30 minutos

Tamaño de Porción: 4

Tipo de Dieta: Sin Gluten, Sin Lácteos, Sin Soya, Sin Nueces, Vegana, Vegetariana

Ingredientes:

- 1 pimiento amarillo, cortado en cubitos pequeños
- 2 calabacines, cortados en cubitos pequeños
- 1 pimiento rojo, cortado en cubitos pequeños
- 1 cebolla roja, cortada en cubitos pequeños
- 1 boniato, cortado en cubitos pequeños
- 4 dientes de ajo
- ¼ taza de aceite de oliva extra virgen
- 1 cucharadita de sal

Modo de Preparación:

1. Precalienta el horno a 450°F. Cubre una bandeja de horno con papel de hornear.
2. En un tazón grande, mezcla los calabacines, pimiento rojo, pimiento amarillo, cebolla, aceite de oliva, boniato, ajo y la sal.
3. Coloca uniformemente en la hoja.
4. Hornea durante 25 minutos, moviendo a mitad de tiempo. Sírvelo caliente.

Valores Nutricionales (Por porción):

Calorías 176, Grasa 12g, Carbohidratos 16g, Fibra 3g, Proteína 2g

Champiñones Rellenos de Espinacas

Tiempo de Preparación: 35-40 minutos

Tamaño de Porción: 12

Tipo de Dieta: Sin Gluten, Sin Lácteos, Sin Soya, Sin Nueces, Vegana, Vegetariana

Ingredientes:

- 2 libras de cabezas de champiñones, reserva los tallos
- 3 dientes de ajo picados
- 2 tazas de espinacas picadas
- 1 cucharada de aceite de oliva
- 2 pimientos rojos pequeños, picados

- 1 cebolla amarilla pequeña, picada
- Pimienta negra molida y sal al gusto
- ¼ taza de perejil picado

Modo de Preparación:

1. Precalienta el horno a 350°F. Cubre una bandeja de horno con papel de hornear.
2. En una sartén (también puedes usar una cacerola); calienta el aceite a fuego medio en la estufa.
3. Añade los champiñones, remueve y cocina durante 2 minutos. Resérvalos.
4. En la sartén, añade el pimiento morrón, ajo, perejil, espinacas, sal, pimiento y cebolla; remueve y cuece durante 5-6 minutos.
5. Rellena cada champiñón con la mezcla de espinacas.
6. Colócalos en una bandeja para hornear forrada; hornea durante 20 minutos y sírvelo caliente.

Valores Nutricionales (Por porción):

Calorías 132, Grasa 8g, Carbohidratos 9g, Fibra 4g, Proteína 9g

Mordiscos de Remolacha al Horno

Tiempo de Preparación: 30 minutos

Tamaño de Porción: 6

Tipo de Dieta: Sin Gluten, Sin Lácteos, Sin Soya, Sin Nueces, Vegetariana

Ingredientes:

- ½ cebolla amarilla, en rodajas
- 4 remolachas doradas medianas, peladas y cortadas en cubitos pequeños
- 4 remolachas rojas medianas, peladas y cortadas en cubitos pequeños
- ½ taza de vinagre de sidra de manzana
- ½ taza de aceite de oliva extra virgen
- 2 cucharadas de miel cruda
- ¼ cucharadita de sal
- Pimienta negra fresca molida

Modo de Preparación:

1. Precalienta el horno a 450°F. Cubre una bandeja de horno con papel de hornear.
2. Organiza las remolachas y cebolla; rocía con el vinagre, miel y aceite de oliva.
3. Espolvorea la pimienta y la sal.
4. Hornea durante 25 minutos o hasta que las remolachas se caramelicen.

5. Sírvelo caliente.

Valores Nutricionales (Por porción):

Calorías 228, Grasa 18g, Carbohidratos 16g, Fibra 3g, Proteína 2g

Aperitivo de Col China con Sésamo

Tiempo de Preparación: 20 minutos

Tamaño de Porción: 4

Tipo de Dieta: Sin Gluten, Sin Lácteos, Sin Soya, Sin Nueces, Vegana, Vegetariana

Ingredientes:

- 1 pulgada de jengibre, (rallado o en polvo)
- 2 cucharadas de aceite de oliva
- 3 cucharadas de coco aminos
- Una pizca de hojuelas de pimiento rojo
- 4 cabezas de col china, cortadas en cuartos
- 2 dientes de ajo picados
- 1 cucharada de semillas de sésamo, tostadas

Modo de Preparación:

1. En una sartén (también puedes usar una cacerola); calienta el aceite a fuego medio en la estufa.

2. Añade el coco aminos, ajo, hojuelas de pimienta y jengibre; remueve y cuece durante 4 minutos.
3. Añade la col china y las semillas de sésamo, mezcla, cocina durante 5-6 minutos. Sírvelo caliente.

Bocaditos de Salmón

Tiempo de Preparación: 25-30 minutos

Tamaño de Porción: 2

Tipo de Dieta: Sin Gluten, Sin Lácteos, Sin Soya, Sin Nueces

Ingredientes:

- 2 cucharaditas de ajo en polvo
- 1 cucharadita de cebolla en polvo
- 20 onzas de trozos de piña en conserva
- ½ cucharadita de jengibre (rallado o en polvo)
- 1 cucharada de vinagre balsámico
- 2 filetes de salmón, sin espinas, sin piel y en cubos
- Pimienta negra al gusto

Modo de Preparación:

1. Precalienta el horno a 375°F. Engrasa una fuente para hornear con un poco de aceite en espray.
2. Coloca el salmón y la piña en el plato.
3. Añade el jengibre, ajo en polvo, cebolla en polvo, pimienta negra y vinagre, mezcla bien.

4. Hornea durante 20 minutos, reparte en tazones y sirve.

Valores Nutricionales (Por porción):

Calorías 198, Grasa 2g, Carbohidratos 8g, Fibra 3g, Proteína 14g

Coliflor al Ajo

Tiempo de Preparación: 15-20 minutos

Tamaño de Porción: 4

Tipo de Dieta: Sin Gluten, Sin Soya, Sin Nueces, Vegetariana

Ingredientes:

- ½ cucharadita de pimienta negra fresca molida
- ½ cucharadita de ajo en polvo
- 1½ cucharaditas de comino molido
- 1 cucharadita de sal

- ½ cucharadita de chile en polvo
- 1 cabeza de coliflor, picada en trozos pequeños
- 3 cucharadas de zumo de lima
- 3 cucharadas de ghee

Modo de Preparación:

1. Precalienta el horno a 450°F. Engrasa una fuente para hornear con un poco de aceite en espray.
2. En un tazón, mezcla el comino, sal, chile en polvo, pimienta y ajo en polvo.
3. Extiende la coliflor en la sartén. Rocía con el zumo de lima y el ghee.
4. Cubre con la mezcla de especias y mezcla bien.
5. Hornea durante 15 minutos y sírvelo caliente.

Valores Nutricionales (Por porción):

Calorías 136, Grasa 11g, Carbohidratos 9g, Fibra 3g, Proteína 4g

Empanadillas de Lentejas y Patatas

Tiempo de Preparación: 20 minutos

Tamaño de Porción: 7-8

Tipo de Dieta: Sin Gluten, Sin Lácteos, Sin Soya, Vegana, Vegetariana

Ingredientes:

- 1 taza de lentejas rojas enlatadas, coladas y machacadas
- 1 boniato, (rallado o en polvo)
- ¼ taza de perejil picado
- 2 cucharaditas jengibre (rallado o en polvo)
- 1 taza de cebolla amarilla picada
- 1 taza de champiñones picados
- 1 cucharada de curry en polvo
- ¼ taza de cilantro picado
- 2 cucharadas de harina de coco
- 1 cucharada de aceite de oliva

Modo de Preparación:

1. Añade la cebolla, jengibre, champiñones, lentejas, patatas, curry en polvo, perejil, cilantro y harina en un tazón.
2. Mézclalo bien y prepara empanadillas a partir de esta mezcla.

3. En una sartén (también puedes usar una cacerola); calienta el aceite a fuego medio en la estufa.

4. Añade las empanadillas y cocina durante unos 5 minutos cada lado. Sírvelo caliente.

Valores Nutricionales (Por porción):

Calorías 136, Grasa 4g, Carbohidratos 7g, Fibra 3g, Proteína 8g

Aperitivo de Tomate y Ajo

Tiempo de Preparación: 25 minutos

Tamaño de Porción: 6

Tipo de Dieta: Sin Gluten, Sin Lácteos, Sin Soya, Sin Nueces, Vegana, Vegetariana

Ingredientes:

- 4 dientes de ajo picados
- 1 libra de tomates cherry, cortados por la mitad
- 1 cucharadita de albahaca deshidratada (opcional)
- 2 cucharadas de aceite de oliva extra virgen
- Sal al gusto

Modo de Preparación:

1. Precalienta el horno a 400°F. Cubre una bandeja de horno con papel de hornear.
2. En un tazón, mezcla los tomates, ajo y albahaca. Añade el aceite de oliva y mezcla bien. Sazona generosamente con sal.
3. Añade la mezcla a la lámina.
4. Hornea durante 15-20 minutos, o hasta que los tomates estén bien cocinados.
5. Sírvelo caliente.

Valores Nutricionales (Por porción):

Calorías 47, Grasa 0g, Carbohidratos 9g, Fibra 3g, Proteína 2g

Espárragos Increíbles

Tiempo de Preparación: 25 minutos

Tamaño de Porción: 4

Tipo de Dieta: Sin Gluten, Sin Lácteos, Sin Soya, Sin Nueces, Vegana, Vegetariana

Ingredientes:
- 2 cucharadas de chalote picado
- 5 cucharadas de aceite de oliva
- 4 dientes de ajo picados
- Pimienta negra al gusto
- 1½ cucharaditas vinagre balsámico
- 1½ libra de espárragos cortados

Modo de Preparación:

1. Precalienta el horno a 450°F. Cubre una bandeja de horno con papel de hornear.
2. Esparce los espárragos en la hoja.
3. Cubre bien con los ingredientes restantes.
4. Hornea durante 15 minutos y sírvelo caliente.

Valores Nutricionales (Por porción):

Calorías 124, Grasa 1g, Carbohidratos 4g, Fibra 2g, Proteína 3g

Aperitivo de Col Rizada al Ajo

Tiempo de Preparación: 25 minutos

Tamaño de Porción: 4

Tipo de Dieta: Sin Gluten, Sin Lácteos, Sin Soya, Sin Nueces, Vegana, Vegetariana

Ingredientes:

- 8 tazas de col rizada picada
- 1 cucharada de aceite de oliva
- 3 dientes de ajo machacados
- 1 cucharada de vinagre balsámico
- ½ cucharadita de nuez moscada molida
- Sal marina al gusto

Modo de Preparación:

1. En una sartén (también puedes usar una cacerola); calienta el aceite a fuego medio en la estufa.
2. Añade el ajo, remueve la mezcla y cocina mientras revuelves durante aproximadamente 3-4 minutos hasta que esté fragante.
3. Añade la col rizada; remueve y cuece durante alrededor de 5-7 minutos o hasta que esté blando.
4. Agrega vinagre balsámico; rocía con nuez moscada y sal marina.
5. Sírvelo caliente.

Valores Nutricionales (Por porción):

Calorías 98, Grasa 4g, Carbohidratos 14g, Fibra 3g, Proteína 4g

Sopas y Estofados

Sopa de Pollo con Verduras

Tiempo de Preparación: 55-60 minutos

Tamaño de Porción: 6-7

Tipo de Comida: Cena

Tipo de Dieta: Sin Gluten, Sin Lácteos, Sin Soya, Sin Nueces

Ingredientes:

- 2 cucharaditas de ajo picado
- 3 tazas de hinojo rallado
- 3 tazas de repollo verde rallado
- 1 cucharada de aceite de oliva
- 1 cebolla dulce picada
- 2 zanahorias picadas
- 8 tazas de caldo de hueso de pollo
- 2 cucharaditas de tomillo fresco picado
- 2 tazas de pechuga de pollo cocinado y picado
- Sal marina al gusto

Modo de Preparación:

1. En una olla (también puedes usar una cacerola profunda); calienta el aceite a fuego medio en la estufa.

2. Añade las cebollas, ajo, remueve la mezcla y cocina mientras revuelves durante unos 2-3 minutos hasta que se ablande.

3. Agrega el hinojo, el repollo y las zanahorias. Saltea durante unos 4-5 minutos.

4. Añade el caldo y el tomillo. Lleva la sopa a ebullición.

5. Reduce el fuego al mínimo y cocina la mezcla a fuego lento durante 25-30 minutos o hasta que las verduras estén tiernas.

6. Añade el pollo y la sal. Revuelve y cocina a fuego lento durante aproximadamente 5 minutos. Sírvelo caliente.

Valores Nutricionales (Por porción):

Calorías 246, Grasa 9g, Carbohidratos 16g, Fibra 5g, Proteína 24g

Sopa de Lentejas con Champiñones

Tiempo de Preparación: 30 minutos

Tamaño de Porción: 4

Tipo de Comida: Almuerzo

Tipo de Dieta: Sin Gluten, Sin Lácteos, Sin Soya, Sin Nueces, Vegana, Vegetariana

Ingredientes:

- 1 cebolla amarilla mediana picada
- 1 taza de champiñones blancos, en cuartos
- 1 1/2 cucharadas aceite de coco

- 2 dientes de ajo picados
- 3 tazas de caldo de verdura
- 3 cucharaditas de pasta de miso
- 1 taza de lentejas cocidas
- 2 tazas de col rizada

Modo de Preparación:

1. En una olla (también puedes usar una cacerola profunda); calienta el aceite en la estufa a fuego medio.
2. Añade el ajo, remueve la mezcla y cocina mientras revuelves durante aproximadamente 1 minuto hasta que esté fragante.
3. Añade las cebollas y cocina durante 2-3 minutos hasta que esté suave.
4. Añade los champiñones; remueve y cuece durante otros 5 minutos.
5. Añade el caldo y hierve la mezcla. Baja el fuego al mínimo.
6. Mezcla la pasta de miso y las lentejas; cocina durante 5 minutos.
7. Remueve la col rizada. Déjala cocer durante otros 3 minutos.
8. Sírvelo caliente.

Valores Nutricionales (Por porción):

Calorías 294, Grasa 4g, Carbohidratos 8g, Fibra 2g, Proteína 15g

Estofado de Chili con Cerdo

Tiempo de Preparación: 1 hora 50 minutos

Tamaño de Porción: 4-6

Tipo de Comida: Cena

Tipo de Dieta: Sin Gluten, Sin Lácteos, Sin Soya, Sin Nueces

Ingredientes:

- 3 cucharadas de aceite de oliva
- 3 libras de paletilla de cerdo en cubitos
- 2 cebollas amarillas picadas
- 2 cucharadas de ajo picado
- 2 tazas de harina de almendra
- Una pizca de pimienta negra (molida) y sal
- 1 cucharadita de hojuelas de chile deshidratadas
- 3 tazas de caldo de pollo
- 4 cucharadas de salvia picada
- ¼ taza de pasta de tomate
- ½ cucharadita de pimienta de Jamaica

Modo de Preparación:

1. En un tazón (tamaño mediano), mezcla la harina, sal y pimienta.
2. Cubre el cerdo en esta mezcla.
3. En una olla (también puedes utilizar una sartén profunda); calienta el aceite en la estufa a fuego medio.
4. Agrega la carne y cocina, mientras revuelves, hasta que se dore uniformemente.
5. Pásalo a un tazón.
6. En la sartén, añade el ajo, cebolla, hojuelas de salvia y pimienta y remueve y cuece durante 8 minutos.
7. Añade el cerdo a la sartén; mezcla el caldo, la pimienta de Jamaica y la pasta de tomate.
8. Remueve y cocínalo todo durante 80-90 minutos.
9. Divide en tazones para servir y sírvelo caliente.

Valores Nutricionales (Por porción):

Calorías 271, Grasa 4g, Carbohidratos 11g, Fibra 6g, Proteína 18g

Sopa de Pollo Jalapeño

Tiempo de Preparación: 25-30 minutos

Tamaño de Porción: 6

Tipo de Comida: Almuerzo

Tipo de Dieta: Sin Gluten, Sin Lácteos, Sin Soya, Sin Nueces

Ingredientes:

- 1 cucharada de aceite de aguacate
- 1 pimiento jalapeño, con semillas y picado
- 6 tazas de caldo de pollo
- 1 libra de pollo cocido desmenuzado
- 3 dientes de ajo picados
- 1 cebolla blanca mediana, cortada en cubitos
- 1 lata (14-onzas) de tomates cortados en cubos con su zumo
- 1 lata (4-onzas) de chiles verdes cortados en cubitos
- 3 cucharadas de zumo de lima
- ¼ cucharadita de pimienta de cayena
- Pimienta negra fresca molida
- 1 cucharadita de chile en polvo
- 1 cucharadita de comino molido
- ½ cucharadita de sal
- 1 aguacate, picado y rebanado

Modo de Preparación:

1. En una olla (también puedes usar una cacerola profunda); calienta el aceite a fuego medio en la estufa.
2. Añade el ajo, cebolla, y pimiento jalapeño; saltea durante 4-5 minutos.
3. Añade el caldo, pollo, tomates, chiles, zumo de lima, chile en polvo, comino, sal, pimienta de cayena y pimienta negra.
4. Remueve la mezcla y lleva a ebullición; cocina durante 10 minutos.
5. Agrega en tazones para servir junto con las rebanadas de aguacate y cilantro.

Valores Nutricionales (Por porción):

Calorías 274, Grasa 7g, Carbohidratos 12g, Fibra 4g, Proteína 30g

Sopa de Patata con Brócoli

Tiempo de Preparación: 40-45 minutos

Tamaño de Porción: 6

Tipo de Comida: Almuerzo

Tipo de Dieta: Sin Gluten, Sin Lácteos, Sin Soya, Sin Nueces

Ingredientes:

- 1 taza de cebolla rebanada
- 2 cucharaditas de ajo picado
- 1 cucharada de aceite de oliva
- 1 cebolla dulce, picada
- 1 boniato, pelado y cortado en trozos
- 1 cucharadita de nuez moscada molida

- 8 tazas de caldo de hueso de pollo
- 3 cabezas de brócoli, cortadas en floretes
- ½ taza de crema de coco
- Sal marina al gusto

Modo de Preparación:

1. En una olla (también puedes usar una cacerola profunda); calienta el aceite a fuego medio en la estufa.
2. Añade las cebollas y el ajo, remueve la mezcla y cocina mientras mueves durante aproximadamente 2-3 minutos hasta que se ablande.
3. Añade el caldo, brócoli, boniato y nuez moscada.
4. Llévalo a ebullición. Reduce la llama y cocina a fuego lento durante 25-30 minutos o hasta que las verduras estén tiernas.
5. Pasa la sopa por la licuadora hasta que esté suave.
6. Bate la crema y sazona con sal marina. Sírvelo caliente.

Valores Nutricionales (Por porción):

Calorías 184, Grasa 9g, Carbohidratos 18g, Fibra 6g, Proteína 14g

Estofado de Patatas y Atún

Tiempo de Preparación: 40 minutos

Tamaño de Porción: 4

Tipo de Comida: Cena

Tipo de Dieta: Sin Gluten, Sin Lácteos, Sin Soya, Sin Nueces

Ingredientes:

- 1 cucharadita de chile deshidratado
- ¼ pinta de caldo de pollo
- 1 cebolla amarilla picada
- 1 cucharada de aceite de oliva
- 1 diente de ajo, picado
- 14 onzas tomates enlatados picados
- 3 boniatos cortados en cubitos
- 1 cucharadita de paprika dulce
- 2 filetes de atún, troceados
- 1 pimiento rojo picado
- 1 cucharada de cilantro picado

Modo de Preparación:

1. En una olla (también puedes usar una cacerola profunda); calienta el aceite a fuego medio en la estufa.
2. Añade las cebollas, remueve la mezcla y cocina mientras mueves durante unos 3-4 minutos hasta que se ablanden.
3. Añade el ají y el ajo, remueve y cuece durante 1 minuto.
4. Añade el caldo, tomates, patatas, paprika y pimiento rojo, remueve la mezcla.
5. Hierve y cocina durante 20 minutos a fuego medio.
6. Añade el atún, cocina durante 8-10 minutos.
7. Añade en tazones para servir, espolvoréalo con cilantro y sírvelo caliente.

Valores Nutricionales (Por porción):

Calorías 224, Grasa 4g, Carbohidratos 16g, Fibra 7g, Proteína 7g

Sopa de Pescado y Gambas

Tiempo de Preparación: 40 minutos

Tamaño de Porción: 6

Tipo de Comida: Cena

Tipo de Dieta: Sin Gluten, Sin Lácteos, Sin Soya, Sin Nueces

Ingredientes:

- 2 tallos de apio picado
- 1 cucharada de aceite de oliva
- 1 cebolla dulce picada
- 2 cucharaditas de ajo picado
- 2 zanahorias cortadas en cubitos
- ½ cucharadita de comino molido
- ½ cucharadita de cilantro molido
- 1 libra de abadejo, cortado en trozos pequeños
- 6 tazas de caldo de hueso de pollo
- 2 tazas de boniato cortado en cubitos
- ½ libra de camarones pelados, desvenados y picados
- 1 taza de espinacas picadas
- 2 cucharadas de cilantro fresco picado

Modo de Preparación:

1. En una olla (también puedes usar una cacerola profunda); calienta el aceite a fuego medio en la estufa.
2. Añade las cebollas, ajo, apio, remueve la mezcla y cocina mientras revuelves durante unos 2-3 minutos hasta que se ablande.
3. Añade el caldo, boniato, zanahorias, comino y cilantro.
4. Hierve la mezcla. Reduce la llama a fuego lento y hierve durante aproximadamente 10 minutos o hasta que los vegetales estén tiernos.
5. Agrega el abadejo y los camarones. Cocina la mezcla a fuego lento durante 8-10 minutos más. Añade las espinacas y cocina a fuego lento durante 2 minutos.
6. Sirve en tazones y cubre con el cilantro.

Valores Nutricionales (Por porción):

Calorías 244, Grasa 8g, Carbohidratos 18g, Fibra 3g, Proteína 26g

Sopa de Tomate Con Yogur

Tiempo de Preparación: 25-30 minutos

Tamaño de Porción: 6

Tipo de Comida: Almuerzo

Tipo de Dieta: Sin Gluten, Sin Soya, Sin Nueces, Vegetariana

Ingredientes:

- 1 cucharadita de albahaca deshidratada
- 1 cucharadita de orégano molido
- ⅛ cucharadita de pimienta negra fresca molida
- ⅛ cucharadita de tomillo deshidratado
- ½ cucharadita de sal

- ¼ cucharadita de chile en polvo
- 1 cucharada de ghee
- 1 cebolla pequeña picada
- 3 dientes de ajo picados
- 2 latas (14-onzas) de tomates cortados en cubitos con su zumo
- 2 tazas de caldo vegetal
- ¼ taza de pasta de tomate
- ½ taza de yogur natural entero

Modo de Preparación:

1. En una olla (también puedes usar una cacerola profunda); calienta el aceite a fuego medio en la estufa.
2. Añade las cebollas, ajo, remueve la mezcla y cocina mientras revuelves durante aproximadamente 4-5 minutos hasta que se ablande.
3. Agrega la albahaca, el orégano, la sal, el chile en polvo, la pimienta y el tomillo.
4. Añade el tomate, el caldo y la pasta de tomate. Mézclalo bien.
5. Lleva a ebullición, baja la llama al mínimo, y cocina durante 8-10 minutos.
6. Coloca la mezcla en la licuadora y añade el yogur. Licua durante 1 minuto más.
7. Sírvelo caliente.

Valores Nutricionales (Por porción):

Calorías 152, Grasa 6g, Carbohidratos 26g, Fibra 12g, Proteína 8g

Estofado de Pollo y Alcachofa

Tiempo de Preparación: 65 minutos

Tamaño de Porción: 7-8

Tipo de Comida: Cena

Tipo de Dieta: Sin Gluten, Sin Lácteos, Sin Soya, Sin Nueces

Ingredientes:

- 5 dientes de ajo picados
- 2 cucharadas de aceite de oliva
- 2 cebollas amarillas picadas
- 2 libras de muslos de pollo, sin piel, deshuesados y picados
- 1 cucharada de sirope de arce
- 2 tazas de caldo de verdura
- 16 onzas de corazones de alcachofas enlatadas, escurridas y picadas
- Una pizca de sal marina y pimienta negra molida
- 2 cucharadas de cilantro picado

Modo de Preparación:

1. En una olla (también puedes usar una cacerola profunda); calienta 1 cucharada de aceite a fuego medio en la estufa.

2. Añade el pollo y cocina mientras revuelves hasta que se dore uniformemente.

3. Pásalo a un tazón (tamaño mediano).

4. En la sartén calienta el aceite restante, añade el ajo y la cebolla, remueve y cocina durante 1 minuto.

5. Añade el caldo, sirope de arce, alcachofas, sal y pimienta. Remueve la mezcla.

6. Hierve a fuego lento y cocina durante 3-4 minutos.

7. Añade el pollo a la olla y remueve la mezcla.

8. Cubre la olla, reduce la llama a baja, cocina por 45 minutos.

9. Añade el cilantro y sírvelo caliente.

Valores Nutricionales (Por porción):

Calorías 207, Grasa 4g, Carbohidratos 11g, Fibra 4g, Proteína 21g

Estofado de Vieiras y Gambas

Tiempo de Preparación: 30 minutos

Tamaño de Porción: 4

Tipo de Comida: Cena

Tipo de Dieta: Sin Gluten, Sin Lácteos, Sin Soya, Sin Nueces

Ingredientes:

- 1 cucharadita de jalapeno picado
- 2 cucharaditas de ajo, picado
- 2 puerros picados
- 2 cucharadas de aceite de oliva
- 1 zanahoria picada
- 1 cucharadita de comino molido
- Una pizca de pimienta negra molida y sal
- ¼ cucharadita de canela en polvo
- 1½ tazas de tomates picados
- 1 taza de caldo vegetal
- 1 libra de camarones pelados y desvenados
- 1 libra vieiras de mar
- 2 cucharadas de cilantro picado

Modo de Preparación:

1. En una olla (también puedes usar una cacerola profunda); calienta el aceite a fuego medio en la estufa.
2. Añade el puerro, ajo, remueve la mezcla y cocina mientras mueves durante aproximadamente 6-7 minutos hasta que se ablande.
3. Añade el jalapeno, sal, pimiento, cayena, zanahorias, canela y comino. Remueve la mezcla.
4. Cocina durante 5 minutos. Añade los tomates, el caldo, los camarones y las vieiras. Remueve la mezcla.
5. Cocina durante 5-6 minutos. Sirve en tazones, cubre con el cilantro y sírvelo caliente.

Valores Nutricionales (Por porción):

Calorías 245, Grasa 4g, Carbohidratos 11g, Fibra 5g, Proteína 17g

Sopa de Cerdo con Brotes

Tiempo de Preparación: 25 minutos

Tamaño de Porción: 6

Tipo de Comida: Cena

Tipo de Dieta: Sin Gluten, Sin Lácteos, Sin Soya, Sin Nueces

Ingredientes:
- 2 cucharadas de aceite de oliva
- 5 dientes de ajo picados
- 2 tallos de apio picados
- ½ libra de cerdo en tiras
- ½ libras de cerdo molido
- 3 tazas de caldo de verdura
- 2 vieiras picadas
- Pimienta negra al gusto
- 1 taza de brotes de soja
- 2 cucharadas de perejil picado
- ½ cucharadita de canela en polvo
- 4 cucharadas de aminos de coco
- ½ cucharada de copos de pimiento rojo

Modo de Preparación:

1. En una olla (también puedes usar una cacerola profunda); calienta el aceite a fuego medio en la estufa.
2. Añade el cerdo y cocínalo, mientras revuelves, hasta que se dore uniformemente.
3. Pásalo a un plato.
4. En la sartén, añade el ajo, remueve y cocina durante 1-2 minutos.
5. Añade el cerdo molido, tiras de cerdo, vieiras, apio, caldo, pimienta negra, canela y aminos.
6. Mézclalo bien, llévalo a ebullición y cocina durante 12-15 minutos.
7. Mezcla bien los brotes, perejil y hojuelas de pimienta y sírvelo caliente.

Valores Nutricionales (Por porción):

Calorías 296, Grasa 4g, Carbohidratos 9g, Fibra 3g, Proteína 15g

Sopa de Pollo con Frijoles Blancos

Tiempo de Preparación: 20 minutos

Tamaño de Porción: 4

Tipo de Dieta: Sin Gluten, Sin Lácteos, Sin Soya, Sin Nueces

Ingredientes:
- 2 latas (4-onzas) de chiles verdes suaves y picados
- 4 tazas de frijoles blancos cocidos, bien escurridos y enjuagados
- 4 tazas de caldo de pollo o de verduras
- 1 cucharada de ghee
- 2 cebollas pequeñas picadas
- 6 dientes de ajo picados
- 1 cucharadita de chile en polvo
- ¼ cucharadita de pimienta de cayena
- 4 cucharaditas de comino molido
- 2 cucharaditas de orégano seco
- 4 tazas de pollo cocinado y desmenuzado
- 2 cebollines (cortados en rodajas)

Modo de Preparación:

1. En una olla (también puedes usar una cacerola profunda); calienta el aceite a fuego medio en la estufa.

2. Añade las cebollas, ajo, remueve la mezcla y cocina mientras revuelves durante aproximadamente 4-5 minutos hasta que se ablande.

3. Añade el chile, remueve y cuece durante 2 minutos.

4. Agrega los frijoles, el caldo, el comino, el orégano, el chile en polvo y la pimienta de cayena.

5. Hierve y añade el pollo. Reduce la llama a media-baja y cocina durante 8-10 minutos.

6. Cubre con las vieiras y sírvelo caliente.

Valores Nutricionales (Por porción):

Calorías 296, Grasa 4g, Carbohidratos 41g, Fibra 12g, Proteína 22g

Sopa de Aguacate con Coco

Tiempo de Preparación: 15 minutos

Tamaño de Porción: 6

Tipo de Comida: Almuerzo

Tipo de Dieta: Sin Gluten, Sin Lácteos, Sin Soya, Sin Nueces, Vegana, Vegetariana

Ingredientes:
- 1 cucharada de zumo de limón
- 1 diente de ajo machacado
- 1 cucharadita de jengibre rallado
- 3 aguacates maduros, pelados y sin hueso
- ¼ cebolla roja picada

- 1 taza de caldo de hueso de pollo
- ½ cucharadita de eneldo picado
- 2 tazas de leche de coco enlatada con toda su grasa
- Sal marina y pimienta negra molida al gusto

Modo de Preparación:

1. Corta el aguacate y reserva.
2. En una licuadora o procesador de alimentos, añade el aguacate, cebolla, caldo de pollo, zumo de limón, ajo, jengibre y eneldo. Mezcla hasta que quede muy suave.
3. Muévelo a un recipiente. Añade la leche. Sazona con sal y pimienta.
4. Déjalo enfriar en la nevera durante al menos 1 hora.
5. Decora con las ramitas de eneldo y sírvelo frío.

Valores Nutricionales (Por porción):

Calorías 326, Grasa 31g, Carbohidratos 14g, Fibra 8g, Proteína 4g

Estofado de Cerdo con Berenjenas

Tiempo de Preparación: 20 minutos

Tamaño de Porción: 4

Tipo de Comida: Cena

Tipo de Dieta: Sin Gluten, Sin Lácteos, Sin Soya, Sin Nueces

Ingredientes:

- 4 dientes de ajo picados
- 1 libra de cerdo molido
- 1 berenjena cortada en cubos
- 2 cebollas verdes picadas
- 2 cucharadas de aceite de aguacate
- 14 onzas de tomates enlatados, picados
- Pimienta negra molida y sal al gusto
- 1/3 tazas de albahaca picada
- 2 cucharadas de pasta de tomate
- ¾ taza de crema de coco

Modo de Preparación:

1. En una olla (también puedes usar una cacerola profunda); calienta el aceite a fuego medio en la estufa.
2. Añade las cebollas, ajo, remueve la mezcla y cocina mientras revuelves durante unos 2-3 minutos hasta que se ablande.
3. Añade el cerdo, remueve y cuece durante 4-5 minutos.

4. Añade la berenjena, tomates, sal, pimienta y albahaca. Remueve la mezcla y cocina durante 4-5 minutos.

5. Añade la pasta de tomate y la crema, remueve y cocina durante 1 minuto. Sírvelo caliente.

Valores Nutricionales (Por porción):

Calorías 253, Grasa 11g, Carbohidratos 8g, Fibra 1g, Proteína 19g

Sopa de Champiñones y Espinacas

Tiempo de Preparación: 45 minutos

Tamaño de Porción: 4

Tipo de Comida: Almuerzo

Tipo de Dieta: Sin Gluten, Sin Lácteos, Sin Soya, Sin Nueces

Ingredientes:

- 1 taza de champiñones en rodajas
- ½ cucharadita de salsa de pescado
- 3 cucharadas de pasta de miso
- 3 tazas de agua filtrada
- 3 tazas de caldo de verdura
- 1 taza de espinacas baby, bien lavadas
- 4 cebollines (cortados en rodajas)

Modo de Preparación:

1. En una olla (también puedes usar una cacerola profunda); calienta el agua y el caldo a fuego medio de la estufa.
2. Añade los champiñones, la salsa de pescado, y hierve la mezcla. Retira del fuego.
3. En un tazón, mezcla la pasta de miso con ½ taza de caldo. Mézclalo bien para disolver la pasta.

4. Añade la mezcla nuevamente en la sopa. Agrega las espinacas y cebolletas. Sírvelo caliente.

Valores Nutricionales (Por porción):

Calorías 54, Grasa 0g, Carbohidratos 9g, Fibra 1g, Proteína 2g

Aves y Pollo

Ensalada Verde con Pavo

Tiempo de Preparación: 20 minutos

Tamaño de Porción: 4

Tipo de Comida: Almuerzo

Tipo de Dieta: Sin Gluten, Sin Lácteos, Sin Soya

Ingredientes:

Aderezo:

- 2 cucharadas de vinagre balsámico
- 2 cucharaditas de mostaza Dijon
- ¼ taza de aceite de oliva
- 1 cucharadita de tomillo fresco picado
- Sal marina al gusto

Ensalada:

- ½ cebolla roja (cortada en rodajas)
- 4 tazas de lechugas mixtas
- 1 taza de rúcula
- 16 onzas de pechuga de pavo cocinada, picada
- 3 albaricoques picados en trocitos pequeños
- ½ taza de pacanas picadas

Modo de Preparación:

1. En un tazón pequeño, bate los ingredientes del aderezo y reserva.

2. En una ensaladera, agrega las lechugas mixtas, rúcula y cebolla roja.

3. Cubre con 3/4 del aderezo.

4. Cubre con el pavo, los albaricoques y las nueces. Rocía con el aderezo restante y sirve.

Valores Nutricionales (Por porción):

Calorías 296, Grasa 19g, Carbohidratos 12g, Fibra 2g, Proteína 21g

Ensalada de Pollo con Acelgas

Tiempo de Preparación: 20 minutos

Tamaño de Porción: 6

Tipo de Comida: Almuerzo

Tipo de Dieta: Sin Gluten, Sin Lácteos, Sin Soya

Ingredientes:
- 4 pimientos morrones mini (cortados en rodajas)
- 1 pera (cortada en rodajas)
- ¼ taza de piñones tostados
- 2 tazas de pollo cocinado desmenuzado
- 6 tazas de acelga picada
- 1 chalote picado
- ½ taza de aceite de oliva extra virgen
- 2 cucharadas de zumo de limón
- 2 cucharadas de vinagre de sidra de manzana
- 1 cucharada de mostaza Dijon
- ¼ cucharadita de sal

Modo de Preparación:

1. Precalienta el horno a 350°F.
2. Envuelve el pollo desmenuzado en un trozo de papel de aluminio; hornea durante 10 minutos.
3. En un tazón, mezcla las acelgas, los pimientos, la pera y las nueces.
4. En otro tazón, mezcla el chalote, el aceite de oliva, el zumo de limón, el vinagre, la mostaza y la sal.
5. Añade el aderezo con la mezcla de nueces y mézclalo bien.
6. Añade el pollo horneado a la ensalada. Mezcla y sirve de inmediato.

Valores Nutricionales (Por porción):

Calorías 325, Grasa 21g, Carbohidratos 9g, Fibra 2g, Proteína 14g

Pollo Clásico Italiano con Especias

Tiempo de Preparación: 70 minutos

Tamaño de Porción: 6

Tipo de Comida: Almuerzo

Tipo de Dieta: Sin Gluten, Sin Lácteos, Sin Soya, Sin Nueces

Ingredientes:

- 2 cucharadas de aceite de oliva
- 1 cucharada de zumo de limón
- 1 taza de perejil picado

- 6 muslos de pollo, deshuesados y sin piel
- 2 tazas de boniatos, cortados en rodajas
- 2 cucharadas de aderezo italiano

Modo de Preparación:

1. Precalienta el horno a 450°F. Cubre una bandeja de horno con papel de hornear.
2. Añade el pollo a la bandeja con el papel de hornear; agrega las patatas, aceite, zumo de limón, perejil y sazón. Mezcla bien.
3. Hornea la mezcla durante 55-60 minutos hasta que esté bien cocida.
4. Divide en platos y sirve.

Valores Nutricionales (Por porción):

Calorías 236, Grasa 7g, Carbohidratos 12g, Fibra 7g, Proteína 12g

Ensalada de Pollo y Espinacas

Tiempo de Preparación: 55 minutos
Tamaño de Porción: 4
Tipo de Comida: Almuerzo
Tipo de Dieta: Sin Gluten, Sin Lácteos, Sin Soya, Sin Nueces

Ingredientes:

- 1 cebolla amarilla picada
- 12 onzas de champiñones picados
- 2 dientes de ajo picados
- 2 boniatos horneados
- Aceite de oliva para rociar
- 2 tazas de espinacas baby
- Una pizca de sal y pimienta de cayena
- ½ cucharadita de tomillo seco
- 3 tazas de pollo, cocinado y desmenuzado
- Un chorrito de vinagre balsámico

Modo de Preparación:

1. Corta las patatas en mitades a lo largo; pica en trozos pequeños y agrega en un tazón (tamaño mediano).
2. En una sartén (también puedes usar una cacerola); calienta el aceite a fuego medio en la estufa.

3. Añade la cebolla, trozos de patata, ajo, champiñones, tomillo, pollo, sal y pimienta de cayena, revuelve bien.
4. Cocina durante 8-10 minutos, retíralo del fuego.
5. Añade también las espinacas y vinagre, mezcla y sirve.

Valores Nutricionales (Por porción):

Calorías 263, Grasa 2g, Carbohidratos 17g, Fibra 8g, Proteína 11g

Pollo con Arroz Integral

Tiempo de Preparación: 20 minutos
Tamaño de Porción: 4
Tipo de Comida: Almuerzo
Tipo de Dieta: Sin Gluten, Sin Lácteos, Sin Soya, Sin Nueces

Ingredientes:

- 1½ tazas de arroz integral cocinado
- 1½ cucharadas de sirope de arce
- 4 onzas pechuga de pollo deshuesada, sin piel y cortada en trozos pequeños
- 1 huevo
- 2 claras de huevo
- 1 taza de caldo de pollo
- 2 cucharadas de aminos de coco
- 2 cebolletas picadas

Modo de Preparación:

1. En una olla (también puedes usar una cacerola profunda); calienta el caldo a fuego medio.
2. Añade los aminos de coco y el azúcar, remueve la mezcla y hiérvela.
3. Añade el pollo y mezcla.

4. En un tazón (tamaño mediano), bate el huevo junto con las claras de huevo.
5. Añádelo sobre la mezcla de pollo, añade las cebolletas encima y cocina durante 3 minutos sin remover.
6. Divide en tazones y sirve.

Valores Nutricionales (Por porción):

Calorías 246, Grasa 11g, Carbohidratos 13g, Fibra 6g, Proteína 9g

Hamburguesas de Pavo con Pimienta

Tiempo de Preparación: 20 minutos

Tamaño de Porción: 4

Tipo de Comida: Almuerzo

Tipo de Dieta: Sin Gluten, Sin Lácteos, Sin Soya, Sin Nueces

Ingredientes:

- 1 libra de carne de pavo molida
- 1 pimiento jalapeño pequeño, picado
- 2 cucharaditas de zumo de lima
- 1 chalote, picado

- 1 cucharada de aceite de oliva
- Ralladura de 1 lima
- Pimienta negra molida y sal al gusto
- 1 cucharadita de cúrcuma en polvo

Modo de Preparación:

1. En un tazón (tamaño mediano), mezcla el pavo, chalote, jalapeno, zumo de lima, ralladura de lima, sal, pimienta y cúrcuma.
2. Prepara hamburguesas con esta mezcla.
3. En una sartén (también puedes usar una cacerola); calienta el aceite a fuego medio en la estufa.
4. Añade las empanadas y cocínalas durante unos 5 minutos en cada lado.
5. Sirve con salsa de yogur o vegetales verdes (opcional).

Valores Nutricionales (Por porción):

Calorías 196, Grasa 13g, Carbohidratos 12g, Fibra 5g, Proteína 7g

Pollo Bruselas

Tiempo de Preparación: 20 minutos
Tamaño de Porción: 4
Tipo de Comida: Cena
Tipo de Dieta: Sin Gluten, Sin Lácteos, Sin Soya

Ingredientes:
- 12 onzas coles de Bruselas, desmenuzadas
- 1 manzana, sin corazón y en rodajas
- ½ cebolla roja (cortada en rodajas)
- 1½ libras muslos de pollo, sin piel y sin hueso
- 1 cucharada de aceite de oliva
- 2 cucharaditas de tomillo picado
- Una pizca de pimienta negra (molida) y sal
- 1 diente de ajo, picado
- 2 cucharadas de vinagre balsámico
- ¼ taza de nueces (picadas)

Modo de Preparación:
1. En una sartén (también puedes usar una cacerola); calienta el aceite a fuego medio en la estufa.
2. Añade el pollo, pimienta, sal y tomillo; cocina, mientras revuelves, hasta que se dore uniformemente.

3. Pásalo a un tazón (tamaño mediano).

4. En la sartén, agrega la cebolla, manzana, brotes y ajo, remueve y cuece durante 4-5 minutos.

5. Añade el vinagre, pollo cocinado y nueces. Remueve y cocina durante 1-2 minutos.

6. Sírvelo caliente.

Valores Nutricionales (Por porción):

Calorías 223, Grasa 4g, Carbohidratos 13g, Fibra 7g, Proteína 9g

Cazuela de Pollo y Brócoli

Tiempo de Preparación: 55 minutos

Tamaño de Porción: 4

Tipo de Comida: Almuerzo

Tipo de Dieta: Sin Gluten, Sin Lácteos, Sin Soya, Sin Nueces

Ingredientes:

- 8 onzas de champiñones (cortados en rodajas)
- 3 tazas de pollo, cocinado y desmenuzado
- 4 tazas de floretes de brócoli
- 1 cebolla amarilla picada
- 2 cucharadas de aceite de oliva
- Pimienta negra molida y sal al gusto
- 1 taza de caldo de pollo
- ½ cucharadita de nuez moscada molida
- 2 huevos

Modo de Preparación:

1. Precalienta el horno a 350°F. Engrasa una fuente para hornear con un poco de aceite en espray.
2. En una sartén (también puedes usar una cacerola); calienta el aceite a fuego medio en la estufa.

3. Añade las cebollas, sal, pimiento, champiñones, remueve la mezcla y cocina mientras revuelves durante aproximadamente 8-10 minutos hasta que se ablande.
4. Añade la mezcla en una fuente para horno; mezcla el pollo y el brócoli.
5. En un tazón (tamaño mediano), mezcla el caldo, huevos, nuez moscada, sal y pimienta.
6. Añádelo sobre la mezcla de pollo, hornea durante 40 minutos.
7. Reparte en platos para servir y sírvelo caliente.

Valores Nutricionales (Por porción):

Calorías 339, Grasa 12g, Carbohidratos 13g, Fibra 3g, Proteína 16g

Cuscús con Pollo y Zanahoria

Tiempo de Preparación: 30 minutos

Tamaño de Porción: 4

Tipo de Comida: Cena

Tipo de Dieta: Sin Lácteos, Sin Soya, Sin Nueces

Ingredientes:

- 1/3 taza de pepitas asadas
- 1/3 taza de perejil, picado
- ¼ taza de menta picada
- 6 onzas de cuscús, cocinado
- 2 cucharaditas de aceite de coco, derretido
- 12 onzas de zanahorias baby
- 4 muslos de pollo deshuesados
- Una pizca de pimienta negra (molida) y sal
- 1 cucharada de zumo de limón
- 2 cucharaditas de ralladura de limón
- 1 cucharada de aceite de oliva
- 1 diente de ajo picado

Modo de Preparación:

1. Precalienta el horno a 450°F. Engrasa una fuente para hornear con un poco de aceite en espray.
2. En una sartén (también puedes usar una cacerola); calienta el aceite a fuego medio en la estufa.
3. Añade el pollo, sal, pimienta y cocina, mientras remueves, hasta que se dore uniformemente durante 8-10 minutos.
4. Transfiere a la fuente de horno.
5. En la sartén, añade las zanahorias y cocina durante 2-3 minutos.
6. Añade las zanahorias con el pollo; hornea durante 10 minutos.
7. En un tazón (tamaño mediano), mezcla el cuscús, aceite de oliva, sal, pimienta, pepitas, perejil, menta, ajo, zumo de limón y ralladura de limón; mézclalo bien.
8. Divide la mezcla de pollo en platos para servir, añade la mezcla de cuscús y sírvelo caliente.

Valores Nutricionales (Por porción):

Calorías 264, Grasa 4g, Carbohidratos 16g, Fibra 6g, Proteína 10g

Rollito/Tazón de Pavo

Tiempo de Preparación: 25 minutos

Tamaño de Porción: 4

Tipo de Comida: Almuerzo

Tipo de Dieta: Sin Gluten, Sin Lácteos, Sin Soya, Sin Nueces

Ingredientes:

- 1 libra de pavo desmenuzado
- 2 cucharadas de zumo de lima
- 2 cucharadas de salsa de pescado
- 2 cucharadas de cilantro picado
- 1 cucharada de menta picada (opcional)

- 1 cucharada de sirope de arce
- 1 cebolla roja pequeña, troceada
- 2 dientes de ajo picados
- 4 cebolletas (cortadas en rodajas)
- ¼ cucharadita de hojuelas de pimiento rojo
- 8 hojas pequeñas de lechuga romana

Modo de Preparación:

1. En una sartén (también puedes usar una cacerola); calienta el aceite a fuego medio en la estufa.
2. Agrega el pavo y cocina, mientras revuelves, hasta que se dore uniformemente.
3. Añade la cebolla y el ajo. Remueve y cuece durante 8-10 minutos.
4. Retira del fuego.
5. Mezcla las cebolletas, zumo de lima, salsa de pescado, cilantro, menta, sirope de arce y hojuelas de pimiento rojo. Mézclalo bien.
6. Añade la mezcla en hojas de lechuga. Sírvelo caliente.

Valores Nutricionales (Por porción):

Calorías 153, Grasa 2g, Carbohidratos 8g, Fibra 1g, Proteína 24g

Dip de Pollo al Horno con Espinacas

Tiempo de Preparación: 30 minutos

Tamaño de Porción: 4

Tipo de Comida: Cena

Tipo de Dieta: Sin Gluten, Sin Lácteos, Sin Soya, Sin Nueces

Ingredientes:

- 4 pechugas de pollo (4-onzas) deshuesadas y sin piel
- 1 taza de champiñones cremini rebanados
- ½ cebolla roja, en rodajas finas
- ½ taza de albahaca picada
- 2 cucharadas de aceite de aguacate
- 1 pinta de tomates cherry, cortados por la mitad
- 4 dientes de ajo picados
- 2 cucharaditas de vinagre balsámico
- 1 taza de espinacas picadas

Modo de Preparación:

1. Precalienta el horno a 400°F. Engrasa una fuente para hornear con un poco de aceite en espray.
2. Coloca el pollo. Pásale una brocha de cocina con el aceite.
3. En un tazón (tamaño mediano), mezcla los tomates, espinacas, champiñones, cebolla roja, albahaca, ajo y vinagre.

4. Cubre cada pechuga de pollo con 1/4 de mezcla de vegetales. Hornea durante unos 18-20 minutos, o hasta que el pollo esté bien cocido.

5. Sirve con el resto de la mezcla de verduras.

Valores Nutricionales (Por porción):

Calorías 234, Grasa 9g, Carbohidratos 8g, Fibra 2g, Proteína 27g

Pollo Entero con Boniatos

Tiempo de Preparación: 80-85 minutos

Tamaño de Porción: 6

Tipo de Comida: Cena

Tipo de Dieta: Sin Gluten, Sin Lácteos, Sin Soya, Sin Nueces

Ingredientes:

- ½ libra boniatos, en cubos
- 2 cucharadas de aceite de oliva
- 1 pollo entero
- Zumo de ½ limón
- 2 zanahorias (cortadas en rodajas)
- 3 dientes de ajo picados
- 1 cebolla amarilla picada
- 1 manojo de romero, deshojado
- Una pizca de pimienta negra (molida) y sal
- 1 manojo de tomillo deshojado

Modo de Preparación:

1. Precalienta el horno a 425°F. Engrasa una fuente para hornear con un poco de aceite en espray.
2. Añade el pollo en el plato.

3. Mezcla el aceite, romero, tomillo, sal, pimienta y zumo de limón en un tazón. Cubre el pollo con la mezcla.
4. Añade las zanahorias, patatas y la cebolla en el plato; hornea durante 60-70 minutos hasta que se cocine bien.
5. Corta el pollo y sírvelo caliente.

Valores Nutricionales (Por porción):

Calorías 308, Grasa 7g, Carbohidratos 16g, Fibra 3g, Proteína 22g

Chili con Frijoles y Pollo

Tiempo de Preparación: 30 minutos

Tamaño de Porción: 4

Tipo de Comida: Cena

Tipo de Dieta: Sin Gluten, Sin Lácteos, Sin Soya, Sin Nueces

Ingredientes:

- 1 libra de pollo desmenuzado
- 30 onzas de frijoles negros enlatados, escurridos y enjuagados
- 28 onzas tomates asados, picados
- 3 tazas de calabaza mantequilla, en cubos
- 1 taza de cebolla amarilla picada
- 1½ cucharadas de aceite de oliva
- 2 dientes de ajo picados
- 14 onzas de caldo de pollo
- Una pizca de pimienta negra (molida) y sal

Modo de Preparación:

1. En una sartén (también puedes usar una cacerola); calienta el aceite a fuego medio en la estufa.
2. Añade el ajo, la cebolla y el pollo. Remueve la mezcla y cocina mientras mueves durante aproximadamente 5-6 minutos hasta que se ablande.

3. Añade los frijoles, tomates, calabaza, caldo, sal y pimienta, mezcla bien.

4. Hierve y cocina durante 12-15 minutos.

5. Coloca en tazones y sírvelo caliente.

Valores Nutricionales (Por porción):

Calorías 258, Grasa 5g, Carbohidratos 10g, Fibra 4g, Proteína 12g

Delicia de Pimientos Rellenos

Tiempo de Preparación: 20 minutos

Tamaño de Porción: 3

Tipo de Comida: Cena

Tipo de Dieta: Sin Gluten, Sin Lácteos, Sin Soya, Sin Nueces

Ingredientes:

- 1 cebolla blanca pequeña, troceada
- 2 dientes de ajo picados
- 1 lata (16-onzas) de tomates troceados, escurridos
- 6 pimientos amarillos, rojos o verdes, limpios, sin semillas y retirar la parte del tronco
- 1 cucharada de aguacate o aceite de coco

- 1 libra de pavo desmenuzado
- ½ cucharadita de comino molido
- ½ cucharadita de paprika
- ½ cucharadita de orégano seco
- ½ cucharadita de sal
- Pimienta negra fresca molida

Modo de Preparación:

1. Precalienta el horno a 400°F. Cubre una bandeja de horno con papel de hornear.
2. Organiza los pimientos en la hoja. Rocía con un poco de aceite.
3. Hornea durante 20 minutos o hasta que se ablande.
4. En una sartén (también puedes usar una cacerola); calienta el aceite a fuego medio en la estufa.
5. Añade el pavo y cocina, mezcla hasta que se dore uniformemente durante 4-5 minutos.
6. Añade la cebolla y el ajo; remueve y cuece durante 8-10 minutos hasta que se ablande.
7. Añade los tomates, comino, paprika, orégano, sal y sazona con pimienta.
8. Rellena los pimientos horneados con la mezcla de carne. Sírvelo caliente.

Valores Nutricionales (Por porción):

Calorías 193, Grasa 9g, Carbohidratos 12g, Fibra 4g, Proteína 14g

Pollo a la Naranja con Guisantes

Tiempo de Preparación: 20 minutos

Tamaño de Porción: 4

Tipo de Comida: Cena

Tipo de Dieta: Sin Lácteos, Sin Nueces

Ingredientes:

- 1 cebolla roja (cortada en rodajas)
- 2 tazas de guisantes dulces
- 2 dientes de ajo picados
- 1¼ libras de pechuga de pollo, sin piel, sin hueso y rebanadas
- 3 cucharadas de harina de coco
- 2 cucharadas de aceite de oliva
- 2 cucharadas de vinagre de arroz
- 1 cucharada de semillas de sésamo tostados
- ½ taza de salsa teriyaki
- 1 cucharada de aceite de sésamo
- 2 naranjas, peladas y cortadas
- 1 cucharada de cilantro picado

Modo de Preparación:

1. En un tazón (tamaño mediano), mezcla el pollo, la harina y remueve bien.

2. En una sartén (también puedes usar una cacerola); calienta el aceite a fuego medio en la estufa.

3. Añade el pollo y cocina, mientras remueves, hasta que se vuelva uniformemente marrón.

4. Añade el ajo y la cebolla, remueve y cuece durante 1-2 minutos.

5. Añade los guisantes y cocina durante 2 minutos más.

6. Añade la salsa, aceite de sésamo, vinagre, semillas de sésamo, naranjas y cilantro; remueve y cuece durante 1-2 minutos.

7. Añade la mezcla en platos y sirve.

Valores Nutricionales (Por porción):

Calorías 287, Grasa 3g, Carbohidratos 15g, Fibra 6g, Proteína 13g

Pollo con Brócoli y Hierbas

Tiempo de Preparación: 40-45 minutos

Tamaño de Porción: 4

Tipo de Comida: Cena

Tipo de Dieta: Sin Gluten, Sin Lácteos, Sin Soya, Sin Nueces

Ingredientes:

- 2 cucharaditas de mostaza
- 3 cucharadas de aceite de oliva
- 1½ cucharadas de romero picado
- 2 cucharadas de perejil picado
- 1 diente de ajo, picado
- Una pizca de pimienta negra (molida) y sal
- 1 cabeza de brócoli, floretes separados
- 1 cebolla roja, cortada en rodajas
- Zumo de 1 limón
- 4 pechugas de pollo, con piel y hueso
- ½ cucharadita de pimiento rojo, machacado

Modo de Preparación:

1. Precalienta el horno a 425°F.
2. En una fuente para horno, mezcla el pollo con la mitad del aceite, zumo de limón, perejil, ajo, romero y mostaza.
3. Cubre bien y hornea durante 30 minutos y divide en platos.

4. Cubre una bandeja de horno con papel de hornear. Esparce los floretes de brócoli, rocía el resto del aceite. Añade la cebolla roja y el pimiento machacado, revuelve suavemente.
5. Hornea durante 15 minutos, añade al lado del pollo y sirve.

Valores Nutricionales (Por porción):

Calorías 268, Grasa 13g, Carbohidratos 15g, Fibra 6g, Proteína 27g

Cerdo, Res y Cordero

Albóndigas de Res con Yogur

Tiempo de Preparación: 60 minutos

Tamaño de Porción: 4

Tipo de Comida: Almuerzo

Tipo de Dieta: Sin Gluten, Sin Soya, Sin Nueces

Ingredientes:
- 2/3 tazas de yogur griego natural
- 1 cucharadita de miel
- 1 boniato pequeño
- 3 dientes de ajo sin pelar
- 1 cebolla pequeña, picada fina
- 1 huevo
- Pimienta negra molida y sal al gusto

- ½ libra carne picada de res alimentada con hierba
- 1 cucharadita de cilantro molido
- 1 cucharadita de comino molido
- ½ cucharadita de pimienta de cayena
- 1 cucharada de aceite de oliva

Modo de Preparación:

1. Cocina las patatas en agua hirviendo en una olla durante 25-30 minutos y luego escúrrelas.
2. Pélalas y machácalas. Reserva en un tazón grande.
3. En una sartén (también puedes utilizar una olla); calienta el aceite de oliva a fuego medio.
4. Añade el ajo, remueve la mezcla y cocina mientras revuelves durante aproximadamente 8-10 minutos hasta que se ablande.
5. Agrega los dientes de ajo al procesador de alimentos o licuadora.
6. Añade el yogur, miel, sal y pimienta negra.
7. Haz un puré de la mezcla hasta que esté suave y reserva.
8. Añade el huevo, carne picada de res, cebolla, sal, y especias en el tazón de patatas. Mezcla y prepara albóndigas pequeñas con esta mezcla.
9. Toma una sartén profunda y calienta el aceite.
10. Agrega las albóndigas por tandas y fríelas durante 15-20 minutos hasta que estén doradas. Sírvelas con el yogur de ajo.

Valores Nutricionales (Por porción):

Calorías 276, Grasa 14g, Carbohidratos 28g, Fibra 3g, Proteína 18g

Kebabs de Cordero al Ajillo con Verduras/Arroz

Tiempo de Preparación: 20-25 minutos

Tamaño de Porción: 2-3

Tipo de Comida: Almuerzo

Tipo de Dieta: Sin Gluten, Sin Lácteos, Sin Soya, Sin Nueces

Ingredientes:

- 1 cucharada de orégano seco
- 2 cucharaditas de ajo picado
- 2 cucharadas de aceite de oliva
- 2 cucharadas de vinagre de sidra de manzana
- ½ cucharadita de sal marina
- 1 libra de paletilla de cordero cortada en cubitos de 1 pulgada

Modo de Preparación:

1. En un tazón, mezcla el aceite de oliva, el vinagre de sidra, el orégano, el ajo y la sal marina.
2. Mézclalo en el cordero. Cubre y refrigera durante 1-2 horas para marinarlo.
3. Precalienta tu parrilla. Prepara una rejilla en la parte superior.

4. Toma 8 brochetas de madera, ensarta 4 o 5 piezas de cordero en cada una y colócalas en una bandeja para hornear.

5. Asa las brochetas a la parrilla durante unos 12-15 minutos en total, dale la vuelta a mitad del tiempo, hasta que se doren uniformemente.

6. Sirve con verduras mixtas o arroz (opcional).

Valores Nutricionales (Por porción):

Calorías 426, Grasa 26g, Carbohidratos 3g, Fibra 1g, Proteína 54g

Chuletas de Cerdo a la Canela

Tiempo de Preparación: 35 minutos

Tamaño de Porción: 4

Tipo de Comida: Almuerzo

Tipo de Dieta: Sin Gluten, Sin Lácteos, Sin Soya, Sin Nueces

Ingredientes:

- 4 chuletas de cerdo
- ½ cucharadita de canela en polvo
- ½ cucharadita de paprika dulce
- Aceite de oliva para rociar
- Una pizca de pimienta negra (molida) y sal

Modo de Preparación:

1. En un tazón (tamaño mediano), mezcla las chuletas de cerdo con sal, pimiento, aceite, canela y paprika.
2. Calienta una parrilla a fuego medio-alto.
3. Cocina las chuletas de cerdo durante 10-15 minutos en cada lado, hasta que estén bien cocidas.
4. Sírvelo acompañado de ensalada.

Valores Nutricionales (Por porción):

Calorías 248, Grasa 6g, Carbohidratos 15g, Fibra 7g, Proteína 17g

Cordero a la Mostaza

Tiempo de Preparación: 45 minutos

Tamaño de Porción: 4

Tipo de Comida: Almuerzo

Tipo de Dieta: Sin Gluten, Sin Lácteos, Sin Soya, Sin Nueces

Ingredientes:

- 2 (8-costillas) costillares de cordero, secos
- ¼ taza de mostaza Dijon

- 2 cucharadas de tomillo fresco picado
- 1 cucharada de romero fresco picado
- Pimienta negra fresca molida y sal al gusto
- 1 cucharada de aceite de oliva

Modo de Preparación:

1. Precalienta el horno a 425°F.
2. En un tazón, mezcla la mostaza, el tomillo y el romero.
3. Cubre las costillas de cordero con sal marina y pimienta.
4. Coloca una sartén grande a prueba de horno a fuego medio-alto y calienta el aceite de oliva.
5. Añade el cordero; remueve y cuece durante unos 2 minutos por lado, girando una vez.
6. Retira del fuego y cubre con la mezcla mostaza.
7. Hornea durante 30 minutos o hasta que se cocine bien.
8. Retira las costillas de cordero y córtalas en trozos. Sírvelo caliente.

Valores Nutricionales (Por porción):

Calorías 413, Grasa 24g, Carbohidratos 2g, Fibra 1g, Proteína 52g

Bistec con Col China

Tiempo de Preparación: 20 minutos

Tamaño de Porción: 4

Tipo de Comida: Cena

Tipo de Dieta: Sin Gluten, Sin Lácteos, Sin Soya, Sin Nueces

Ingredientes:

- 2 cucharaditas de aceite de aguacate
- 1 cucharada de aceite de sésamo
- 2 dientes de ajo picados
- 12 onzas de filete de falda, cortado en tiras finas de 2 pulgadas
- ½ cucharadita de sal
- ¼ cucharadita de pimienta negra
- 4 cabezas de col china baby, en cuartos longitudinales
- 1 cucharada de jengibre fresco pelado (rallado o en polvo)
- 1 cucharada de azúcar de coco o sirope de arce
- 3 cucharadas de coco aminos
- 2 cucharadas de vinagre de arroz
- ¼ cucharadita de copos de pimiento rojo (opcional)

Modo de Preparación:

1. Sazona con la sal y pimienta.

2. En una sartén (también puedes usar una cacerola); calienta el aceite a fuego medio en la estufa.

3. Añade el filete y cocina, mientras revuelves, hasta que se dore uniformemente.

4. Transfiérelo a un plato.

5. En la sartén, añade el aceite de sésamo y el ajo. Remueve y cuece durante 2-3 minutos.

6. Agrega el vinagre, jengibre, azúcar de coco, col china, aminos de coco y copos de pimiento rojo hasta que estén bien mezclados.

7. Cubre y cocina durante 2 minutos.

8. Añade el filete y revuelve suavemente; sírvelo caliente.

Valores Nutricionales (Por porción):

Calorías 246, Grasa 13g, Carbohidratos 13g, Fibra 8g, Proteína 21g

Cerdo con Manzana y Pasas

Tiempo de Preparación: 40 minutos

Tamaño de Porción: 4

Tipo de Comida: Cena

Tipo de Dieta: Sin Gluten, Sin Lácteos, Sin Soya

Ingredientes:

Salsa:

- ½ cucharadita de jengibre fresco (rallado o en polvo)
- 2 manzanas peladas, sin corazón y cortadas en cubitos
- 1 cucharadita de aceite de oliva
- ¼ taza de cebolla dulce picada muy fina
- ½ taza de pasas
- Una pizca de sal marina

Chuletas:

- 4 chuletas de cerdo (4-onzas) deshuesadas, con corte central, cortadas y secas
- Pimienta negra recién molida y sal al gusto
- 1 cucharadita de ajo en polvo
- 1 cucharadita de canela molida
- 1 cucharada de aceite de oliva

Modo de Preparación:

1. En una sartén (también puedes usar una cacerola); calienta el aceite a fuego medio en la estufa.

2. Añade las cebollas, jengibre, remueve la mezcla y cocina mientras mueves durante unos 2-3 minutos hasta que se ablande.

3. Agrega las manzanas y las pasas. Saltea durante alrededor de 4-5 minutos.

4. Sazona con sal marina y reserva.

5. Cubre las chuletas de cerdo en ambos lados con ajo en polvo, canela, sal marina y pimienta.

6. En una sartén (también puedes usar una cacerola); calienta el aceite a fuego medio en la estufa.

7. Añade las chuletas y cocina, mientras revuelves, hasta que se dore uniformemente.

8. Sirve las chuletas con la salsa de manzana.

Valores Nutricionales (Por porción):

Calorías 384, Grasa 27g, Carbohidratos 11g, Fibra 2g, Proteína 26g

Cerdo con Piña y Aguacate

Tiempo de Preparación: 50 minutos

Tamaño de Porción: 4

Tipo de Comida: Cena

Tipo de Dieta: Sin Gluten, Sin Lácteos, Sin Soya, Sin Nueces

Ingredientes:

- 1 cucharadita comino
- 8 onzas de piña enlatada, machacada
- 1 cucharada de aceite de oliva
- 1 libra de cerdo molida
- 1 cucharadita de chile en polvo
- 1 cucharadita de ajo en polvo
- Pimienta negra molida y sal al gusto
- 1 mango cortado
- Zumo de 1 lima
- 2 aguacates, deshuesados, pelados y picados
- ¼ taza de cilantro, picado

Modo de Preparación:

1. En una sartén (también puedes usar una cacerola); calienta el aceite a fuego medio en la estufa.

2. Añade el cerdo y cocina, mientras salteas, hasta que se vuelva uniformemente marrón.
3. Añade el ajo, comino, chile en polvo, sal y pimienta, remueve y cuece durante 7-8 minutos.
4. Añade la piña, mango, aguacates, zumo de lima, cilantro, sal y pimienta; remueve y cuece durante 5-6 minutos.
5. Reparte en platos y sirve.

Valores Nutricionales (Por porción):

Calorías 238, Grasa 6g, Carbohidratos 12g, Fibra 7g, Proteína 17g

Chuletas con Tomate a las Hierbas

Tiempo de Preparación: 65-70 minutos

Tamaño de Porción: 4

Tipo de Comida: Cena

Tipo de Dieta: Sin Gluten, Sin Lácteos, Sin Soya, Sin Nueces

Ingredientes:

- 28 onzas de tomates enlatados, picados
- ¼ taza de caldo de pollo
- 1 taza de salsa de tomate
- ¼ taza de vinagre balsámico
- 2 cucharadas de aceite de oliva
- 4 chuletas de cerdo
- Una pizca de pimienta negra (molida) y sal
- 2 dientes de ajo picados
- 1 cebolla amarilla picada
- 1 cucharada de hierbas provenzales
- 2 cucharadas de perejil, picado
- 1 cucharada de albahaca picada

Modo de Preparación:

1. En una sartén (también puedes usar una cacerola); calienta el aceite a fuego medio en la estufa.

2. Añade el cerdo, pimiento, sal y cocina, mientras mezclas, hasta que se vuelva uniformemente marrón.

3. Transfiere a un plato para servir.

4. En una sartén (también puedes usar una cacerola); calienta el aceite a fuego medio en la estufa.

5. Añade las cebollas, ajo, remueve la mezcla y cocina mientras revuelves durante aproximadamente 8-10 minutos hasta que se ablande.

6. Añade los tomates, caldo, salsa de tomate, vinagre, hierbas y perejil, remueve y cuece durante 8-10 minutos.

7. Añade el cerdo y la albahaca, remueve y cocina durante 4-5 minutos más. Añade la mezcla en platos y sirve.

Valores Nutricionales (Por porción):

Calorías 208, Grasa 6g, Carbohidratos 9g, Fibra 5g, Proteína 18g

Chuletas de Cerdo al Ajillo con Albahaca

Tiempo de Preparación: 20 minutos

Tamaño de Porción: 4

Tipo de Comida: Cena

Tipo de Dieta: Sin Gluten, Sin Lácteos, Sin Soya, Sin Nueces

Ingredientes:

- 1 taza de albahaca picada
- 2 cucharadas de zumo de limón
- 4 chuletas de lomo de cerdo

- 2 cucharadas ajo, picado

- 2 cucharadas de aceite de oliva

- Una pizca de pimienta negra (molida) y sal

Modo de Preparación:

1. En un tazón (tamaño mediano), mezcla el ajo, aceite, albahaca, zumo de limón, sal y pimienta. Mézclalo bien.

2. Agrega las chuletas de cerdo y revuelve bien.

3. Coloca las chuletas sobre la parrilla precalentada; cocínalas durante 6 minutos de cada lado.

4. Añade en platos y sírvelo caliente.

Valores Nutricionales (Por porción):

Calorías 314, Grasa 6g, Carbohidratos 19g, Fibra 6g, Proteína 23g

Filete de Cerdo con Nueces

Tiempo de Preparación: 15 minutos

Tamaño de Porción: 4

Tipo de Comida: Cena

Tipo de Dieta: Sin Gluten, Sin Lácteos, Sin Soya

Ingredientes:

- ¼ taza de albahaca picada
- 1 cucharada de ajo picado
- ¼ taza de vinagre balsámico
- 1 libra de filetes de cerdo
- 2 cucharadas de aceite de oliva
- Pimienta negra molida y sal al gusto
- 1 cucharadita de cebolla en polvo

Para el pesto:

- ¼ taza de aceite de oliva
- ¼ taza de piñones
- ½ taza de pimientos morrones, asados

- ½ taza de albahaca, picada
- 1 diente de ajo
- Pimienta negra molida y sal al gusto

Modo de Preparación:

1. En un tazón (tamaño mediano), sazona los filetes con vinagre, 2 cucharadas de aceite, albahaca, ajo, cebolla, sal y pimienta. Refrigera durante 3-4 horas.
2. Calienta la parrilla a fuego medio-alto, agrega los filetes, cocina por 4 minutos en cada lado.
3. En tu procesador de alimentos o licuadora, añade la albahaca con los pimientos asados, piñones, ¼ taza de aceite de oliva, ajo, sal y pimienta. Mezcla hasta lograr una mezcla suave.
4. Sirve los filetes cubiertos con pesto.

Valores Nutricionales (Por porción):

Calorías 276, Grasa 7g, Carbohidratos 18g, Fibra 5g, Proteína 21g

Pastel de Carne de Res sin Pan

Tiempo de Preparación: 60 minutos

Tamaño de Porción: 4

Tipo de Comida: Cena

Tipo de Dieta: Sin Gluten, Sin Lácteos, Sin Soya, Sin Nueces

Ingredientes:

- 1 huevo
- 1½ libras de carne magra de res
- ½ taza de harina de almendras
- ½ taza de cebolla dulce picada
- 1 cucharada de albahaca fresca picada
- 1 cucharada de perejil fresco picado
- 1 cucharadita de rábano picante (rallado o en polvo)
- ⅛ cucharadita de sal marina

Modo de Preparación:

1. Precalienta el horno a 350°F. Engrasa un molde de pan con espray para cocinar.
2. En un tazón, mezcla la carne de res, la harina de almendras, la cebolla, el huevo, la albahaca, el perejil, el rábano picante y la sal marina.

3. Añade la mezcla de carne al molde de pan.

4. Hornea durante unos 55-60 minutos hasta que esté bien cocido.

5. Retira el molde y sírvelo caliente.

Valores Nutricionales (Por porción):

Calorías 412, Grasa 17g, Carbohidratos 5g, Fibra 2g, Proteína 53g

Cerdo Jalapeño con Calabacines

Tiempo de Preparación: 30 minutos

Tamaño de Porción: 4

Tipo de Comida: Cena

Tipo de Dieta: Sin Gluten, Sin Lácteos, Sin Soya, Sin Nueces

Ingredientes:

- 3 cucharadas de zumo de lima
- 1 cucharada de aceite de oliva
- 1 jalapeño, cortado por la mitad y sin semillas
- 3 tomates, cortados por la mitad
- 1 cebolla roja, cortada por la mitad
- 4 filetes de cerdo
- 2 calabacines cortados en rodajas
- ½ taza de cilantro, picado
- 1 diente de ajo, picado
- Una pizca de pimienta negra molida y sal

Modo de Preparación:

1. Precalienta el horno a 475°F. Engrasa una bandeja para asar con un poco de espray para cocinar.

2. Añade los tomates, calabacines, jalapeño y cebolla en la bandeja y hornea durante 10 minutos.

3. En un tazón (tamaño mediano), mezcla el aceite de oliva con el ajo, cilantro, zumo de lima, pimienta negra y la sal.

4. Agrega a la bandeja, mezcla bien y divide en platos para servir.

5. Rocía una sartén con un poco de espray para cocinar (también puedes utilizar una olla).

6. Añade el filete, sal, pimienta y cocina, mientras revuelves, hasta que se dore uniformemente.

7. Añade las verduras y sirve.

Valores Nutricionales (Por porción):

Calorías 215, Grasa 9 g, Carbohidratos 10g, Fibra 3g, Proteína 24g

Chuletas con Bayas

Tiempo de Preparación: 25 minutos

Tamaño de Porción: 4

Tipo de Comida: Cena

Tipo de Dieta: Sin Gluten, Sin Lácteos, Sin Soya, Sin Nueces

Ingredientes:

- 2 libras de chuletas de cerdo
- ½ cucharadita de tomillo deshidratado
- 2 cucharadas de agua
- 1 cucharadita de canela en polvo
- Pimienta negra molida y sal al gusto
- 12 onzas de moras
- ½ taza de vinagre balsámico

Modo de Preparación:

1. Sazona las chuletas de cerdo con sal, pimienta, canela y tomillo.
2. En una olla añade las moras y calienta a fuego medio.
3. Añade el vinagre, agua, sal y pimienta. Remueve la mezcla.
4. Cocina a fuego lento durante 3-5 minutos y retíralo del fuego.

5. Cepilla las chuletas de cerdo con la mitad de la mezcla de arándanos.

6. Precalienta la parrilla y asa las chuletas a fuego medio durante 6 minutos de cada lado.

7. Divide las chuletas de cerdo entre platos para servir; cubre con el resto de la salsa de moras. Sírvelo caliente.

Valores Nutricionales (Por porción):

Calorías 286, Grasa 6g, Carbohidratos 11g, Fibra 6g, Proteína 22g

Cordero con Coliflor

Tiempo de Preparación: 25 minutos

Tamaño de Porción: 4

Tipo de Comida: Cena

Tipo de Dieta: Sin Gluten, Sin Soya, Sin Nueces

Ingredientes:

Mezcla:

- 1 cabeza grande de coliflor, cortada en floretes
- ½ cucharadita de ajo en polvo
- ½ cucharadita de sal
- Pizca de pimienta de cayena

Cordero:

- 2 filetes de cordero (8-onzas) alimentados con hierba
- 2 cucharadas de aceite de aguacate
- 1 cucharadita de romero seco
- 1 cucharadita de sal
- ½ cucharadita pimienta negra fresca molida

Modo de Preparación:

1. Añade la coliflor en una olla y cubre de agua.

2. Caliéntala a fuego medio. Hierve y cocina durante 10 minutos. Cuela el agua y transfiere la coliflor a un procesador de alimentos (o licuadora).

3. Añade el ghee, ajo en polvo, sal y pimienta de cayena. Mezcla hasta obtener una consistencia suave.

4. Sazona el cordero con sal y pimienta.

5. En una sartén (también puedes usar una cacerola); calienta el aceite a fuego medio en la estufa.

6. Añade el cordero y el romero y cocina, mientras remueves, hasta que se dore uniformemente durante 8-10 minutos.

7. Corta el cordero y sirve con el pure de coliflor.

Valores Nutricionales (Por porción):

Calorías 294, Grasa 17g, Carbohidratos 11g, Fibra 3g, Proteína 36g

Chuletas a la Parilla con Menta

Tiempo de Preparación: 20 minutos

Tamaño de Porción: 4

Tipo de Comida: Cena

Tipo de Dieta: Sin Gluten, Sin Lácteos, Sin Soya, Sin Nueces

Ingredientes:

- 8 chuletas de cordero
- ¼ taza de vinagre blanco
- ½ taza de aceite de oliva
- 1 taza de hojas de menta

- ¼ taza de hojas de perejil

- 2 dientes de ajo picados

- Pimienta negra molida y sal al gusto

- ¼ cucharadita de copos de pimiento rojo

Modo de Preparación:

1. En una licuadora, agrega la menta, perejil, vinagre, aceite, ajo, sal, pimienta y hojuelas de pimienta, mezcla hasta lograr una mezcla suave.

2. Cubre las chuletas de cerdo con esta mezcla y marínalas por 30-60 minutos.

3. Coloca las chuletas en la parrilla precalentada; cocina a fuego medio-alto durante 6-7 minutos en cada lado.

4. Sirve en platos junto con el resto de la salsa de menta.

Valores Nutricionales (Por porción):

Calorías 256, Grasa 8g, Carbohidratos 9g, Fibra 1g, Proteína 24g

Chuleta de Cerdo con Brotes

Tiempo de Preparación: 30 minutos

Tamaño de Porción: 4

Tipo de Comida: Cena

Tipo de Dieta: Sin Gluten, Sin Lácteos, Sin Soya, Sin Nueces

Ingredientes:

- 1 libra de chuletas de cerdo, sin hueso
- 1 cucharadita de mostaza
- ½ cucharada de vinagre balsámico
- ¼ taza de cebolla picada
- Una pizca de pimienta negra (molida) y sal
- 1 ½ cucharadas de aceite de oliva
- 1 ¼ taza de coles de Bruselas, cortadas por la mitad
- 2/3 taza de caldo de pollo
- ¼ taza de salsa de manzana, sin azúcar
- 2 dientes de ajo picados
- 1 cucharada de romero, picado
- 1 cucharada de salvia, picada

Modo de Preparación:

1. En una sartén (también puedes utilizar una olla); calienta la mitad del aceite a fuego medio de la estufa.

2. Añade las chuletas, sal, pimiento y cocina, mientras mezclas, hasta que se cocine, mientras remueves, hasta que se vuelva uniformemente marrón.

3. Transfiérelo a un plato.

4. En la sartén, calienta el resto del aceite, agrega el caldo, mostaza, vinagre, cebolla, puré de manzana, ajo, romero y salvia.

5. Revuelve bien y cocina a fuego lento la mezcla; cocina durante 5-6 minutos.

6. Añade los brotes, mezcla y cocina durante 4-5 minutos.

7. Añade las chuletas de cerdo, remueve y cocina la mezcla durante 2-3 minutos.

8. Sirve en platos.

Valores Nutricionales (Por porción):

Calorías 254, Grasa 6g, Carbohidratos 11g, Fibra 7g, Proteína 19g

Pescado y Marisco

Champiñones con Camarones y Calabaza

Tiempo de Preparación: 20 minutos

Tamaño de Porción: 4

Tipo de Comida: Almuerzo

Tipo de Dieta: Sin Gluten, Sin Lácteos, Sin Soya, Sin Nueces

Ingredientes:

- 2 cucharadas de semillas de cáñamo
- 2 cucharadas de aceite de oliva
- 1 libra de camarones, pelados y desvenados
- ¼ taza de aminoácidos de coco
- 2 cucharadas de miel cruda
- 2 cucharaditas de aceite de sésamo
- 1 cebolla amarilla picada
- 4 onzas champiñones *shiitake* (cortados en rodajas)
- 2 dientes de ajo picados
- 1 pimiento rojo, cortado en rodajas
- 1 calabaza amarilla, pelada y en cubos
- 2 tazas de acelgas picadas

Modo de Preparación:

1. En un tazón (tamaño mediano), mezcla los aminoácidos de coco, miel, aceite de sésamo y semillas de cáñamo.

2. En una sartén (también puedes usar una cacerola); calienta el aceite a fuego medio en la estufa.

3. Añade las cebollas, remueve la mezcla y cocina mientras revuelves durante unos 2-3 minutos hasta que se ablande.

4. Añade el pimiento morrón, calabaza, champiñones y ajo, remueve y cuece durante 5 minutos.

5. Añade la mezcla de camarones y aminoácidos de coco; remueve y cuece durante 4 minutos más.

6. Añade las acelgas, mézclalas; agrega en tazones y sirve.

Valores Nutricionales (Por porción):

Calorías 236, Grasa 8g, Carbohidratos 11g, Fibra 5g, Proteína 9g

Lubina con Espinacas

Tiempo de Preparación: 30 minutos
Tamaño de Porción: 2
Tipo de Comida: Almuerzo
Tipo de Dieta: Sin Gluten, Sin Lácteos, Sin Soya, Sin Nueces

Ingredientes:

- 2 filetes de lubina sin espinas
- 2 chalotes picados
- Zumo de ½ limón
- 1 diente de ajo picado
- 5 tomates cherry, cortados por la mitad
- 1 cucharada de perejil picado
- 1 cucharada de aceite de oliva
- 8 onzas de espinacas baby

Modo de Preparación:

1. Precalienta el horno a 450°F. Engrasa una fuente para hornear con un poco de aceite en espray.
2. Añade el pescado, tomates, perejil y ajo, rocía con el zumo de limón.
3. Cubre el plato y hornea durante 12-15 minutos y coloca en platos para servir.

4. En una sartén (también puedes usar una cacerola); calienta el aceite a fuego medio en la estufa.

5. Añade los chalotes, remueve la mezcla y cocina mientras revuelves durante aproximadamente 1-2 minutos hasta que se ablande.

6. Añade las espinacas, remueve, cocina durante 4-5 minutos más. Añade al pescado y sírvelo caliente.

Valores Nutricionales (Por porción):

Calorías 218, Grasa 3g, Carbohidratos 11g, Fibra 6g, Proteína 24g

Bacalao al Ajillo

Tiempo de Preparación: 35 minutos

Tamaño de Porción: 4

Tipo de Comida: Almuerzo

Tipo de Dieta: Sin Gluten, Sin Lácteos, Sin Soya, Sin Nueces

Ingredientes:

- 2 cucharadas de aceite de oliva
- 2 cucharadas de estragón picado
- ¼ taza de perejil picado
- 4 filetes de bacalao, sin piel
- 3 dientes de ajo picados
- 1 cebolla amarilla picada

- Pimienta negra molida y sal al gusto
- Zumo de 1 limón
- 1 limón (cortado en rodajas)
- 1 cucharada de tomillo picado
- 4 tazas de agua

Modo de Preparación:

1. En una sartén (también puedes usar una cacerola); calienta el aceite a fuego medio en la estufa.
2. Añade las cebollas, ajo, remueve la mezcla y cocina mientras revuelves durante unos 2-3 minutos hasta que se ablande.
3. Añade la sal, pimiento, estragón, perejil, tomillo, agua, zumo de limón y rodajas de limón.
4. Hierve la mezcla; añade el bacalao, cocina durante 12-15 minutos, escurre el líquido.
5. Sirve acompañado de ensalada.

Valores Nutricionales (Por porción):

Calorías 181, Grasa 3g, Carbohidratos 9g, Fibra 4g, Proteína 12g

Delicia de Bacalao con Pepino

Tiempo de Preparación: 25 minutos

Tamaño de Porción: 4

Tipo de Comida: Almuerzo

Tipo de Dieta: Sin Gluten, Sin Lácteos, Sin Soya, Sin Nueces

Ingredientes:

- 1 cucharada de alcaparras, escurridas
- 4 cucharadas + 1 cucharadita de aceite de oliva
- 4 filetes de bacalao, sin piel ni espinas
- 2 cucharadas de mostaza
- 1 cucharada de estragón picado
- Pimienta negra molida y sal al gusto
- 2 tazas de hojas de lechuga, en trozos
- 1 cebolla roja pequeña (cortada en rodajas)
- 1 pepino pequeño (cortado en rodajas)
- 2 cucharadas de zumo de limón
- 2 cucharadas de agua

Modo de Preparación:

1. En un tazón (tamaño mediano), mezcla la mostaza con 2 cucharadas de aceite de oliva, estragón, alcaparras y agua, mezcla bien y reserva.

2. En una sartén (también puedes utilizar una olla); calienta 1 cucharadita de aceite a fuego medio.

3. Añade el pescado, pimienta, sal y cocina, mientras mezclas, hasta que se cocine bien y esté suave en ambos lados.

4. En un tazón (tamaño mediano), mezcla el pepino, cebolla, lechuga, zumo de limón, 2 cucharadas de aceite de oliva, sal y pimienta.

5. Coloca el bacalao en platos para servir, cubre con la salsa de estragón.

6. Sirve junto con la ensalada de pepino.

Valores Nutricionales (Por porción):

Calorías 284, Grasa 8g, Carbohidratos 9g, Fibra 1g, Proteína 14g

Salmón con Verduras

Tiempo de Preparación: 30 minutos

Tamaño de Porción: 6

Tipo de Comida: Almuerzo

Tipo de Dieta: Sin Gluten, Sin Lácteos, Sin Soya, Sin Nueces

Ingredientes:

- 4 filetes de salmón, sin espinas, con piel
- 15 onzas de coles de Bruselas, cortadas por la mitad
- 15 onzas de patatas baby, cortadas por la mitad
- 1 manojo de espárragos, cortados por la mitad
- 1 cebolla roja pequeña, en cubos
- 3 cucharadas de vinagre balsámico
- 1 cucharada de mostaza
- 2 cucharadas de aceite de oliva
- 1 taza de tomates cherry, cortados por la mitad
- 1 diente de ajo, picado
- 1 cucharadita de tomillo, picado
- Una pizca de pimienta negra (molida) y sal

Modo de Preparación:

1. Precalienta el horno a 450°F. Engrasa una fuente para hornear con un poco de aceite en espray.
2. Esparce las patatas en la fuente.
3. Añade los espárragos, coles de Bruselas, cebolla, tomates, vinagre, ajo, sal, pimienta, tomillo y aceite, mezcla bien.
4. Hornea durante 8-10 minutos.
5. Añade el salmón, sazona con sal y pimienta, hornea durante 10 minutos más.
6. Añade la mezcla y sirve en platos.

Valores Nutricionales (Por porción):

Calorías 253, Grasa 10g, Carbohidratos 13g, Fibra 6g, Proteína 9g

Gambas con Orégano y Lechuga

Tiempo de Preparación: 25 minutos

Tamaño de Porción: 4

Tipo de Comida: Almuerzo

Tipo de Dieta: Sin Gluten, Sin Lácteos, Sin Soya, Sin Nueces

Ingredientes:

- 3 cucharadas de eneldo picado
- 1 cucharada de orégano, picado
- 2 dientes de ajo picados
- 1 libra de camarones, desvenados y pelados
- 2 cucharaditas de aceite de oliva
- 6 cucharadas de zumo de limón
- Pimienta negra molida y sal al gusto

- 2 pepinos (cortados en rodajas)
- 1 cebolla roja (cortada en rodajas)
- ¾ taza de crema de coco
- ½ libras de tomates cherry
- 8 hojas de lechuga

Modo de Preparación:

1. En un tazón (tamaño mediano), mezcla los camarones, 1 cucharada de orégano, 2 cucharadas de zumo de limón, 1 cucharada de eneldo y 1 cucharadita de aceite. Reserva durante 10 minutos.
2. En otro tazón, mezcla 1 cucharada eneldo, la mitad del ajo, ¼ taza de crema de coco, 2 cucharadas zumo de limón, pepino, sal y pimienta. Mézclalo bien.
3. En otro tazón, mezcla el resto de zumo de limón, ½ taza de crema, el resto del ajo y del eneldo.
4. En un tazón (tamaño mediano), mezcla los tomates con cebolla y 1 cucharadita de aceite de oliva.
5. Calienta una parrilla a fuego medio-alto, asa la mezcla de tomate y la mezcla de camarones por 5 minutos.
6. Añádelos en platos para servir junto con la ensalada de pepino, hojas de lechuga y los demás ingredientes encima.

Valores Nutricionales (Por porción):

Calorías 268, Grasa 5g, Carbohidratos 12g, Fibra 6g, Proteína 11g

Salmón a la Mexicana con Pimienta

Tiempo de Preparación: 25 minutos

Tamaño de Porción: 4

Tipo de Comida: Almuerzo

Tipo de Dieta: Sin Gluten, Sin Lácteos, Sin Soya, Sin Nueces

Ingredientes:

- 1 diente de ajo picado
- 1 cucharadita de paprika dulce
- 4 filetes de salmón medianos sin espinas
- 2 cucharaditas de aceite de oliva
- 4 cucharaditas de zumo de limón
- Una pizca de pimienta negra (molida) y sal

Para la salsa:

- 4 cucharaditas de orégano, picado
- 1 chile habanero pequeño, picado
- ¼ taza de cebollas verdes, picadas
- 1 taza de pimiento rojo, picado
- 1 diente de ajo, picado

- ¼ taza de zumo de limón

Modo de Preparación:

1. En un tazón (tamaño mediano), mezcla la cebolla verde, ¼ taza de zumo de limón, pimiento morrón, habanero, 1 diente de ajo, orégano, pimienta negra y sal.

2. En otro tazón, mezcla la paprika, 4 cucharaditas zumo de limón, aceite de oliva y 1 diente de ajo.

3. Remueve la mezcla, cubre el pescado con esta mezcla; reserva durante 10 minutos.

4. Añade el pescado en la parrilla precalentada a fuego medio-alto.

5. Sazona el pescado con pimienta negra y la sal, cocina por 5 minutos de cada lado.

6. Añade en los platos para servir, cubre con la salsa y sirve.

Valores Nutricionales (Por porción):

Calorías 198, Grasa 4g, Carbohidratos 14g, Fibra 2g, Proteína 8g

Pescado al Curry

Tiempo de Preparación: 30 minutos

Tamaño de Porción: 4

Tipo de Comida: Cena

Tipo de Dieta: Sin Gluten, Sin Lácteos, Sin Soya, Sin Nueces

Ingredientes:

- 1 cucharada de pasta de curry rojo
- 1½ tazas caldo de pollo
- 1 lata de leche de coco (14-onzas)
- 1 cucharada de aceite de aguacate
- ½ taza de cebolla blanca picada
- 2 dientes de ajo picados
- ½ cucharadita de azúcar de coco
- 1 cucharadita de sal
- ½ cucharadita de pimienta negra molida
- 4 filetes de rodaballo (4-onzas)

Modo de Preparación:

1. En una sartén (también puedes usar una cacerola); calienta el aceite a fuego medio en la estufa.

2. Añade las cebollas, ajo, remueve la mezcla y cocina mientras revuelves durante unos 2-3 minutos hasta que se ablande.

3. Agrega la pasta. Añade el caldo, leche de coco, azúcar de coco, sal y pimienta. Mézclalo bien.

4. Reduce el fuego a bajo y cocina a fuego lento durante 8-10 minutos.

5. Añade los filetes; tápalo y cocina durante 8-10 minutos hasta que se desmenucen fácilmente.

6. Sirve los filetes con el caldo al curry.

Valores Nutricionales (Por porción):

Calorías 326, Grasa 21g, Carbohidratos 13g, Fibra 2g, Proteína 27g

Tazón de Salmón con Brócoli

Tiempo de Preparación: 20 minutos

Tamaño de Porción: 4

Tipo de Comida: Almuerzo

Tipo de Dieta: Sin Gluten, Sin Lácteos, Sin Soya, Sin Nueces

Ingredientes:

- 3 cucharadas de aceite de aguacate

- 2 dientes de ajo picados
- 1 cabeza de brócoli, floretes separados
- 1½ libras de filetes de salmón sin espinas
- Una pizca de pimienta negra (molida) y sal
- Zumo de ½ limón

Modo de Preparación:

1. Precalienta el horno a 450°F. Cubre una bandeja de horno con papel de hornear.
2. Esparce el brócoli. Añade el salmón, aceite, ajo, sal, pimienta y el zumo de limón, mezcla suavemente.
3. Hornea durante 15 minutos.
4. Divide en platos para servir y sírvelo caliente.

Valores Nutricionales (Por porción):

Calorías 207, Grasa 6g, Carbohidratos 14g, Fibra 6g, Proteína 9g

Bacalao al Hinojo

Tiempo de Preparación: 25 minutos

Tamaño de Porción: 4

Tipo de Comida: Cena

Tipo de Dieta: Sin Gluten, Sin Lácteos, Sin Soya, Sin Nueces

Ingredientes:

- 3 tomates deshidratados, picados
- 1 cebolla roja pequeña, (cortada en rodajas)
- ½ bulbo de hinojo (cortado en rodajas)
- 2 filetes de bacalao, sin espinas
- 1 diente de ajo picado
- 1 cucharadita de aceite de oliva
- Pimienta negra al gusto
- 4 aceitunas negras, picadas y en rodajas
- 2 tallos de romero
- ¼ cucharadita de copos de pimiento rojo

Modo de Preparación:

1. Precalienta el horno a 400°F. Engrasa una fuente para hornear con un poco de aceite en espray.

2. Añade el bacalao, ajo, pimienta negra, tomates, cebolla, hinojo, olivas, romero y copos de pimienta; mezcla suavemente.

3. Hornea durante 14-15 minutos.

4. Divide la mezcla de pescado en platos y sirve.

Valores Nutricionales (Por porción):

Calorías 255, Grasa 4g, Carbohidratos 11g, Fibra 6g, Proteína 16g

Abadejo con Remolacha

Tiempo de Preparación: 40-45 minutos
Tamaño de Porción: 4
Tipo de Comida: Cena
Tipo de Dieta: Sin Gluten, Sin Lácteos, Sin Soya, Sin Nueces

Ingredientes:

- 2 cucharadas de aceite de oliva
- 2 cucharadas de vinagre de sidra de manzana
- 1 cucharadita de tomillo fresco picado
- 8 remolachas, peladas y cortadas en trozos pequeños
- 2 chalotes (cortados en rodajas)
- 1 cucharadita de ajo picado
- Pizca de sal marina al gusto
- 4 filetes de abadejo (5-onzas), seco

Modo de Preparación:

1. Precalienta el horno a 400°F. Engrasa una fuente para hornear con un poco de aceite en espray.
2. En un tazón (tamaño mediano), mezcla las remolachas, chalotes, ajo y 1 cucharada de aceite de oliva.
3. Añade la mezcla de remolacha en la fuente para hornear.
4. Hornea durante unos 25-30 minutos, o hasta que las verduras estén caramelizadas.

5. Retira del horno y agrega el vinagre de sidra, tomillo y sal marina.
6. En una sartén (también puedes utilizar una olla); calienta el aceite restante a fuego medio en la estufa.
7. Añade el pescado, remueve la mezcla y cocina mientras revuelves durante 12-15 minutos hasta que se cocine bien.
8. Desmenuza el pescado y sirve con remolachas asadas.

Valores Nutricionales (Por porción):

Calorías 324, Grasa 8g, Carbohidratos 22g, Fibra 3g, Proteína 37g

Vieiras a la Miel

Tiempo de Preparación: 25 minutos

Tamaño de Porción: 4

Tipo de Comida: Cena

Tipo de Dieta: Sin Gluten, Sin Lácteos, Sin Soya, Sin Nueces

Ingredientes:

- 1 libra de vieiras grandes, enjuagadas
- Pizca de pimienta negra molida y sal al gusto
- 3 cucharadas de aminos de coco

- 2 dientes de ajo picados
- 2 cucharadas de aceite de aguacate
- ¼ taza de miel cruda
- 1 cucharada de vinagre de sidra de manzana

Modo de Preparación:

1. Espolvorea las vieiras con sal y pimienta.
2. En una sartén (también puedes usar una cacerola); calienta el aceite a fuego medio en la estufa.
3. Añade las vieiras, remueve la mezcla y cocina mientras mezclas durante unos 2-3 minutos hasta que se ablande y esté dorado.
4. Pásalo a un plato y reserva.
5. En la misma sartén, calienta la miel, los aminos de coco, el ajo y el vinagre.
6. Cocina durante 6-7 minutos; añade las vieiras y mezcla bien. Sírvelo caliente.

Valores Nutricionales (Por porción):

Calorías 346, Grasa 17g, Carbohidratos 27g, Fibra 2g, Proteína 21g

Secreto de Bacalao con Col Rizada

Tiempo de Preparación: 30 minutos

Tamaño de Porción: 4

Tipo de Comida: Cena

Tipo de Dieta: Sin Gluten, Sin Lácteos, Sin Soya, Sin Nueces

Ingredientes:

- 4 filetes de bacalao, sin piel ni espinas
- 1 cucharada de jengibre (rallado o en polvo)
- 4 cucharaditas de ralladura de limón
- Una pizca de pimienta negra (molida) y sal
- 3 puerros, picados
- 2 tazas de caldo vegetal
- 2 cucharadas de zumo de limón
- 2 cucharadas de aceite de oliva
- 1 libra de col rizada, picada
- ½ cucharadita de aceite de sésamo

Modo de Preparación:

1. En un tazón (tamaño mediano), mezcla la ralladura con la sal y pimienta. Cubre el pescado con esta mezcla.

2. En una sartén (también puedes utilizar una olla); calienta los puerros, jengibre y zumo de limón en la estufa a fuego medio.

3. Calienta durante unos minutos; añade los filetes de pescado.

4. Tapa y cocina durante 8-10 minutos, transfiérelo a un plato.

5. Cuela el líquido y reserva los puerros. Añade el pescado en platos para servir.

6. En una sartén (también puedes usar una cacerola); calienta el aceite a fuego medio en la estufa.

7. Añade la col rizada, remueve la mezcla y cocina mientras revuelves durante unos 3-4 minutos hasta que se ablanden.

8. Añade el líquido de la sopa y cocina durante 4-5 minutos más.

9. Añade los puerros reservados y cocina durante 2 minutos.

10. Sirve el pescado en platos, rocíalo con el aceite de sésamo.

Valores Nutricionales (Por porción):

Calorías 238, Grasa 3g, Carbohidratos 12g, Fibra 4g, Proteína 16g

Deliciosos Camarones al Coco

Tiempo de Preparación: 15-20 minutos

Tamaño de Porción: 4

Tipo de Comida: Cena

Tipo de Dieta: Sin Gluten, Sin Lácteos, Sin Soya, Sin Nueces

Ingredientes:

- 2 huevos

- 1 taza de coco seco rallado, sin azúcar
- ¼ cucharadita de paprika
- Una pizca de pimienta de cayena
- ¼ taza de harina de coco
- ½ cucharadita de sal
- Pizca de pimienta negra fresca molida
- ¼ taza deaceite de coco
- 1 libra de camarones crudos, pelados y desvenados

Modo de Preparación:

1. En un tazón, bate los huevos.
2. En otro tazón, mezcla el coco, harina, sal, paprika, pimienta de cayena y pimienta negra.
3. Sumerge los camarones en la mezcla de huevo, y luego en la mezcla de coco.
4. En una sartén (también puedes usar una cacerola); calienta el aceite a fuego medio en la estufa.
5. Añade los camarones y cocina durante 2-3 minutos por cada lado. Sírvelo caliente.

Valores Nutricionales (Por porción):

Calorías 246, Grasa 18g, Carbohidratos 8g, Fibra 3g, Proteína 19g

Sorpresa de Mejillones a las Hierbas

Tiempo de Preparación: 30 minutos

Tamaño de Porción: 4

Tipo de Comida: Cena

Tipo de Dieta: Sin Gluten, Sin Lácteos, Sin Soya, Sin Nueces

Ingredientes:

- 1 cucharada de aceite de oliva
- 2 cucharaditas de ajo picado
- 1 taza de leche de coco
- ½ taza de caldo de hueso de pollo
- 2 cucharaditas de tomillo fresco picado
- 1 cucharadita de orégano fresco picado
- 1½ libras de mejillones limpios de barbas y restos orgánicos
- 1 cebolleta, rodajas de partes blancas y verdes

Modo de Preparación:

1. En una sartén (también puedes usar una cacerola); calienta el aceite a fuego medio en la estufa.
2. Añade el ajo, remueve la mezcla y cocina mientras revuelves durante unos 2-3 minutos hasta que se ablande.
3. Añade la leche de coco, caldo, tomillo y orégano.

4. Hierve la mezcla y añade los mejillones. Tapa y cocina durante unos 8 minutos, o hasta que se abran las conchas.

5. Descarta cualquier concha sin abrir y agrega la cebolleta; sírvelo caliente.

Valores Nutricionales (Por porción):

Calorías 318, Grasa 21g, Carbohidratos 12g, Fibra 2g, Proteína 23g

Chili de Salmón al Coco

Tiempo de Preparación: 25 minutos

Tamaño de Porción: 6

Tipo de Comida: Cena

Tipo de Dieta: Sin Gluten, Sin Lácteos, Sin Soya, Sin Nueces

Ingredientes:

- 1 ¼ tazas de coco rallado
- 2 cucharadas de aceite de oliva
- ¼ taza de agua
- 1 libra salmón, en cubos
- 1/3 taza de harina de coco
- Una pizca de pimienta negra (molida) y sal
- 1 huevo
- 4 chiles rojos, picados
- 3 dientes de ajo picados
- ¼ taza de vinagre balsámico
- ½ taza de miel cruda

Modo de Preparación:

1. En un tazón (tamaño mediano), mezcla la harina con una pizca de sal.

2. En otro tazón, bate el huevo y la pimienta negra.

3. Añade el coco rallado en otro tazón.

4. Cubre los cubos de salmón con harina, huevo y coco mezclados uno por uno.

5. En una sartén (también puedes usar una cacerola); calienta el aceite a fuego medio en la estufa.

6. Añade el salmón, saltéalos durante 2-3 minutos en cada lado. Coloca en platos para servir.

7. Calienta el agua a fuego medio-alto en la cacerola, agrega los chiles, el clavo, el vinagre y la miel, revuelve suavemente.

8. Hierve la mezcla y cocina a fuego lento durante 4 minutos; cubre el salmón y sirve.

Valores Nutricionales (Por porción):

Calorías 218, Grasa 5g, Carbohidratos 14g, Fibra 2g, Proteína 17g

Vegana y Vegetariana

Coliflor al Coco con Curry

Tiempo de Preparación: 55 minutos

Tamaño de Porción: 4

Tipo de Comida: Almuerzo

Tipo de Dieta: Sin Gluten, Sin Lácteos, Sin Soya, Sin Nueces, Vegana, Vegetariana

Ingredientes:

- 3 tazas de caldo de verdura
- 3 libras de coliflor, floretes separados
- 2 dientes de ajo picado
- 2 zanahorias picadas

- 1 cebolla amarilla picada
- 1 cucharada de aceite de coco
- Una pizca de pimienta negra molida y sal
- ½ taza de leche de coco
- Una pizca de nuez moscada
- Una pizca de pimienta de cayena
- Un manojo de perejil, picado

Modo de Preparación:

1. En una sartén (también puedes usar una cacerola); calienta el aceite a fuego medio en la estufa.
2. Añade las cebollas, zanahorias, ajo, remueve la mezcla y cocina mientras revuelves durante aproximadamente 4-5 minutos hasta que se ablande.
3. Añade la coliflor y el caldo. Hierve la mezcla y baja el fuego; tapa y cocina durante 40-45 minutos.
4. Añade la mezcla en una licuadora, añade la leche, sal y pimienta.
5. Mezcla bien y agrega a los tazones; espolvorea nuez moscada, cayena y perejil. Sírvelo caliente.

Valores Nutricionales (Por porción):

Calorías 234, Grasa 2g, Carbohidratos 11g, Fibra 5g, Proteína 7g

Ensalada de Col Rizada con Granada

Tiempo de Preparación: 15 minutos

Tamaño de Porción: 4

Tipo de Comida: Almuerzo

Tipo de Dieta: Sin Gluten, Sin Lácteos, Sin Soya, Sin Nueces, Vegana, Vegetariana

Ingredientes:

- ¼ taza de semillas de girasol sin cáscara
- 2 cucharadas de zumo de limón
- 2 manojos de col rizada, al vapor y picada
- 3 cebolletas (cortadas en rodajas)
- 1 aguacate troceado
- 3 cucharadas de aceite de oliva extra virgen
- ½ cucharadita de sal
- Pimienta negra fresca molida
- ¼ taza de granos de granada

Modo de Preparación:

1. En un tazón, mezcla la col rizada, cebolletas, aguacate, semillas de girasol, zumo de limón, aceite de oliva, sal y pimienta.
2. Mézclalo bien.
3. Mezcla las semillas de granada y sírvelo fresco.

Valores Nutricionales (Por porción):

Calorías 243, Grasa 18g, Carbohidratos 13g, Fibra 5g, Proteína 6g

Chili de Frijoles Negros y Patatas

Tiempo de Preparación: 25 minutos

Tamaño de Porción: 7-8

Tipo de Comida: Cena

Tipo de Dieta: Sin Gluten, Sin Lácteos, Sin Soya, Sin Nueces, Vegana, Vegetariana

Ingredientes:

- 1 pimiento rojo picado
- 1 pimiento verde picado
- 3 tazas de boniato cocido picado
- 2 cucharadas de aceite de aguacate
- 1 cebolla roja picada
- 5 dientes de ajo picados
- 1 lata (28-onzas) de tomates troceados con su zumo
- 1 cucharada de zumo de lima
- 3 tazas de habichuelas negras cocidas, bien drenadas y enjuagadas
- 2 tazas de caldo vegetal
- 1 cucharadita de comino molido
- 1 cucharadita de sal

- 1 cucharada de chile en polvo
- 1 cucharadita de cacao en polvo
- ½ cucharadita de canela molida
- ¼ cucharadita de pimienta de cayena
- ¼ cucharadita de orégano seco

Modo de Preparación:

1. En una olla (también puedes usar una cacerola profunda); calienta el aceite a fuego medio en la estufa.
2. Añade las cebollas, ajo, remueve la mezcla y cocina mientras revuelves durante unos 2-3 minutos hasta que se ablande.
3. Añade el pimiento morrón rojo y el verde; remueve y cuece durante unos 3 minutos hasta que estén suaves.
4. Añade los otros ingredientes y mézclalos bien.
5. Lleva a ebullición, y cocina durante 15 minutos. Sirve inmediatamente.

Valores Nutricionales (Por porción):

Calorías 162, Grasa 4g, Carbohidratos 28g, Fibra 6g, Proteína 8g

Verduras con Garbanzos

Tiempo de Preparación: 35 minutos

Tamaño de Porción: 4

Tipo de Comida: Almuerzo

Tipo de Dieta: Sin Gluten, Sin Lácteos, Sin Soya, Sin Nueces, Vegana, Vegetariana

Ingredientes:

- 1 cucharadita de paprika dulce
- 2 cucharaditas de cúrcuma en polvo
- 1 cucharada de aceite de coco
- 15 onzas de garbanzos enlatados escurridos
- 8 patatas pequeñas troceadas
- ¼ taza de quinua
- Una pizca de pimienta negra (molida) y sal
- ½ cucharada de aceite de oliva
- 2 hojas de col rizada troceadas
- 1 aguacate deshuesado, pelado y rebanado

Modo de Preparación:

1. Precalienta el horno a 450°F. Forra dos bandejas para hornear con papel de aluminio.
2. Coloca las patatas en la bandeja forrada, rocíalas con el aceite de coco.
3. Espolvorea con 1 cucharadita de cúrcuma. Sazona con sal y pimienta.
4. Hornea durante 5 minutos y reserva.
5. En un tazón (tamaño mediano), mezcla los garbanzos con la paprika y remueve.
6. Colócalos sobre otra bandeja para hornear. Hornea durante 20 minutos a 350°F.
7. En un tazón, mezcla las patatas con los garbanzos.
8. Añade el resto de la cúrcuma, aceite de oliva, sal, pimienta, quinua, col rizada y aguacate.
9. Mezcla y sirve.

Valores Nutricionales (Por porción):

Calorías 291, Grasa 4g, Carbohidratos 15g, Fibra 6g, Proteína 8g

Ensalada de Explosión de Frutas

Tiempo de Preparación: 15 minutos
Tamaño de Porción: 6
Tipo de Comida: Almuerzo
Tipo de Dieta: Sin Gluten, Sin Lácteos, Sin Soya, Vegetariana

Ingredientes:

- 1 taza de nectarinas en rodajas
- ½ taza de pecanas, picadas
- ¼ taza de cebolla roja, troceada muy fina
- 4 tazas de lechuga picada
- 1 taza de melocotones en rodajas
- 1 taza de cerezas, picadas y cortadas por la mitad
- ¼ taza de hojas de albahaca
- 1 cucharada de zumo de limón
- ½ cucharada de miel cruda
- ⅓ taza de aceite de oliva extra virgen
- ¼ taza de vinagre balsámico
- Pizca de sal y pimienta negra molida al gusto

Modo de Preparación:

1. En un tazón, mezcla las verduras, melocotones, cerezas, nectarinas, nueces, cebolla roja y albahaca.
2. En otro tazón, añade el aceite de oliva, vinagre, zumo de limón, miel, sal y pimienta. Mézclalo bien.
3. Vierte la mezcla de aderezo sobre la ensalada. Mezcla bien y sirve.

Valores Nutricionales (Por porción):

Calorías 219, Grasa 18g, Carbohidratos 17g, Fibra 3g, Proteína 2g

Ensalada de Quinua y Aguacate

Tiempo de Preparación: 5 minutos

Tamaño de Porción: 2

Tipo de Comida: Almuerzo

Tipo de Dieta: Sin Gluten, Sin Lácteos, Sin Soya, Vegana, Vegetariana

Ingredientes:

- 1 manojo mediano de col rizada, picada
- 4 cucharadas de nueces picadas
- 1 taza de quinua, cocinada
- 1 aguacate picado
- 2 cucharadas de vinagre de vino blanco
- 1 cucharada de aceite de oliva
- 1 cucharada de sirope de arce

Modo de Preparación:

1. En un tazón (tamaño mediano), mezcla la quinua, aguacate, col rizada, nueces, vinagre, aceite y sirope de arce.
2. Mezcla bien y sirve.

Valores Nutricionales (Por porción):

Calorías 168, Grasa 3g, Carbohidratos 6g, Fibra 2g, Proteína 3g

Hamburguesas de Garbanzos

Tiempo de Preparación: 20 minutos

Tamaño de Porción: 4

Tipo de Comida: Almuerzo

Tipo de Dieta: Sin Gluten, Sin Lácteos, Sin Soya, Sin Nueces, Vegana, Vegetariana

Ingredientes:

- ¼ taza de hojas de perejil
- 2 cucharadas de harina de coco
- 2 cucharadas de harina de garbanzos

- 2 dientes de ajo pelados
- 1 cebolla amarilla, pelada y picada
- 1½ tazas de garbanzos enlatados, colados y enjuagados
- 1 cucharadita de cúrcuma en polvo
- Una pizca de pimienta negra (molida) y sal
- Una pizca de pimienta de cayena
- 3 cucharadas de aceite de coco o de oliva

Modo de Preparación:

1. En una licuadora, mezcla el ajo con la cebolla, garbanzos, perejil, harina de coco, cúrcuma, sal, pimienta y cayena.
2. Prepara hamburguesas con la mezcla. Pásalas por la harina de garbanzos.
3. En una sartén (también puedes usar una cacerola); calienta el aceite a fuego medio en la estufa.
4. Cocina las hamburguesas durante 4-5 minutos de cada lado.
5. Sirve con tu elección de salsa o verduras frescas.

Valores Nutricionales (Por porción):

Calorías 249, Grasa 4g, Carbohidratos 14g, Fibra 4g, Proteína 8g

Garbanzos al Curry con Pasas

Tiempo de Preparación: 20 minutos

Tamaño de Porción: 4

Tipo de Comida: Cena

Tipo de Dieta: Sin Gluten, Sin Soya, Vegetariana

Ingredientes:

- 1 pimiento rojo picado
- 1½ tazas de caldo de verdura
- 1 cucharada de curry en polvo
- 2 cebollas blancas pequeñas, troceadas
- 2 dientes de ajo picados
- 2 cucharadas de aceite de aguacate
- ½ cucharadita de sal
- 2 tazas de garbanzos cocidos, colados y enjuagados
- ½ taza de uvas pasas doradas
- 1 manzana mediana, troceada
- ½ taza de anacardos picados
- ½ taza de yogur natural entero (opcional)

Modo de Preparación:

1. En una sartén (también puedes usar una cacerola); calienta el aceite a fuego medio en la estufa.

2. Añade las cebollas, ajo, remueve la mezcla y cocina mientras revuelves durante unos 2-3 minutos hasta que se ablande.

3. Añade el pimiento morrón, y saltea durante 4-5 minutos.

4. Añade el caldo, polvo de curry y la sal; mezcla y lleva a ebullición.

5. Añade los garbanzos, los trozos de manzana y las pasas, cocina durante 4-5 minutos.

6. Añade los anacardos. Sírvelo caliente cubierto con el yogur.

Valores Nutricionales (Por porción):

Calorías 378, Grasa17g, Carbohidratos 38g, Fibra 12g, Proteína 11g

Pasta de Alforfón de Calabacín

Tiempo de Preparación: 15 minutos

Tamaño de Porción: 4

Tipo de Comida: Cena

Tipo de Dieta: Sin Gluten, Sin Soya, Vegetariana

Ingredientes:

Pesto:

- ¼ taza de semillas de girasol sin cáscara
- 2 dientes de ajo
- 1 taza de hojas de albahaca
- 1 taza de calabacines picados
- ½ taza de aceite de oliva extra virgen, dividida
- ¼ taza de queso parmesano, rallado
- 1 cucharadita de zumo de limón
- ¼ cucharadita de sal
- Pimienta negra fresca molida

Pasta:

- 8 onzas de pasta de alforfón

Modo de Preparación:

1. Cocina la pasta en agua tal como se indica en el paquete.

2. En un procesador de alimentos (o licuadora), tritura la albahaca, calabacines, semillas de girasol, ajo y ¼ taza de aceite de oliva.

3. Añade el queso, zumo de limón, sal y pimienta. Mézclalo bien.

4. Añade el aceite restante y mezcla bien.

5. Sirve el pesto con la pasta y cubre con semillas de girasol.

Valores Nutricionales (Por porción):

Calorías 426, Grasa 25g, Carbohidratos 34g, Fibra 4g, Proteína 9g

Lentejas con Arroz Integral

Tiempo de Preparación: 30 minutos

Tamaño de Porción: 4

Tipo de Comida: Cena

Tipo de Dieta: Sin Gluten, Sin Lácteos, Sin Soya, Sin Nueces, Vegana, Vegetariana

Ingredientes:

- 1 tallo de apio, picado muy fino
- 1 zanahoria picada
- 2 dientes de ajo picados
- 2 cucharadas de aceite de aguacate
- 1 cebolla blanca pequeña, picada
- 7 cucharadas de pasta de tomate
- 2 cucharadas de vinagre de sidra de manzana
- 1 libra de lentejas cocidas
- ½ pimiento rojo, picado muy fino
- 1 cucharada de puré de sirope de arce
- 1 cucharadita de mostaza Dijon
- 1 cucharadita de chile en polvo
- ½ cucharadita de orégano seco
- Arroz integral cocido o arroz salvaje para servir

Modo de Preparación:

1. En una sartén (también puedes usar una cacerola); calienta el aceite a fuego medio en la estufa.

2. Añade la cebolla, apio, zanahoria y ajo, remueve la mezcla y cocina mientras revuelves durante aproximadamente 4-5 minutos hasta que se ablande.

3. Añade el pimiento morrón y saltea durante 2 minutos.

4. Añade la pasta de tomate, vinagre, sirope de arce, mostaza, chile en polvo y orégano.

5. Reduce la llama de cocción y remueve y cuece durante unos 8-10 minutos.

6. Sírvelo caliente con el arroz.

Valores Nutricionales (Por porción):

Calorías 288, Grasa 7g, Carbohidratos 32g, Fibra 10g, Proteína 14g

Tazón de Arroz con Champiñones

Tiempo de Preparación: 25 minutos

Tamaño de Porción: 8

Tipo de Comida: Almuerzo

Tipo de Dieta: Sin Gluten, Sin Soya, Sin Nueces, Vegetariana

Ingredientes:

- 1 cebolla dulce pequeña, cortada en cubitos
- 3 dientes de ajo picados
- 2 tazas de champiñones cremini (cortados en rodajas)
- 3 tazas de arroz salvaje cocido

- 2 cucharadas de ghee
- ½ taza de caldo vegetal
- ½ cucharadita de tomillo deshidratado
- ½ cucharadita de sal

Modo de Preparación:

1. Coloca el arroz en un tazón y reserva.
2. En una sartén (también puedes utilizar una olla); calienta el ghee a fuego medio.
3. Añade las cebollas, ajo, remueve la mezcla y cocina mientras mueves durante aproximadamente 4-5 minutos hasta que se ablande.
4. Agrega los champiñones, el caldo, el tomillo y la sal; remueve y cuece durante 8-10 minutos hasta que los champiñones estén tiernos.
5. Añade la mezcla de arroz y sírvelo caliente.

Valores Nutricionales (Por porción):

Calorías 148, Grasa 3g, Carbohidratos 23g, Fibra 2g, Proteína 5g

Rollos de Lechuga y Garbanzos

Tiempo de Preparación: 15 minutos

Tamaño de Porción: 2

Tipo de Comida: Almuerzo o Cena

Tipo de Dieta: Sin Gluten, Sin Lácteos, Sin Soya, Sin Nueces, Vegetariana

Ingredientes:

- ½ chalote, picado
- 1 manzana verde, sin corazón y cortada en cubitos
- 3 cucharadas de tahini (pasta de sésamo)
- 1 lata (15-onzas) de garbanzos, bien escurridos y enjuagados
- 1 tallo de apio, cortado en cubitos
- 1 cucharadita de mostaza Dijon
- 2 cucharaditas de zumo de limón
- 1 cucharadita de miel cruda
- Pizca de sal al gusto
- 4 hojas de lechuga romana

Modo de Preparación:

1. En un tazón (tamaño mediano), mezcla los garbanzos, apio, chalote, manzana, tahini, zumo de limón, miel, mostaza y la sal. Mézclalo bien.
2. Añade la mezcla sobre las hojas de lechuga romana en un plato.
3. Envuelve las hojas y sirve.

Valores Nutricionales (Por porción):

Calorías 317, Grasa 14g, Carbohidratos 31g, Fibra 12g, Proteína 15g

Aperitivos y Salsas

Aperitivo de Prosciutto y Aguacate

Tiempo de Preparación: 5 minutos

Tamaño de la Porción/Rendimiento: 12

Tipo de Dieta: Sin Gluten, Sin Lácteos, Sin Soya, Sin Nueces

Ingredientes:

- 2 aguacates grandes, cortados por la mitad, sin hueso
- 12 lonchas de prosciutto
- 2 manzanas, cada una cortada en 6 trozos
- Miel cruda (opcional)

Modo de Preparación:

1. Toma cada mitad de aguacate y haz 3 tajadas de cada mitad.
2. Toma 1 rebanada de prosciutto; coloca 1 tajada de aguacate y 1 tajada de manzana en un extremo y enrolla para hacer una envoltura. Repite lo mismo.
3. Cubre con la miel y sirve.

Valores Nutricionales (Por porción):

Calorías 238, Grasa 17g, Carbohidratos 11g, Fibra 5g, Proteína 16g

Dip de Frijoles con Miel

Tiempo de Preparación: 5 minutos

Tamaño de la Porción/Rendimiento: 3-4 tazas

Tipo de Dieta: Sin Gluten, Sin Lácteos, Sin Soya, Sin Nueces, Vegetariana

Ingredientes:

- 2 tomates cherry
- 2 cucharadas de agua filtrada
- 1 cucharada vinagre de sidra de manzana
- 1 lata (14-onzas) cada una de frijoles rojos y frijoles negros
- 2 dientes de ajo

- ¼ cucharadita de comino molido
- ¼ cucharadita de sal
- 2 cucharaditas de miel cruda
- 1 cucharadita de zumo de lima
- Pizca de pimienta de cayena al gusto
- Pimienta negra fresca molida al gusto

Modo de Preparación:

1. En una licuadora o procesador de alimentos, añade los frijoles, ajo, tomates, agua, vinagre, miel, zumo de lima, comino, sal, pimienta de cayena y pimienta negra.
2. Licúa hasta obtener una mezcla suave. Añade la mezcla en un tazón.
3. Cubre y refrigera para enfriar el dip. Puedes mantenerlo refrigerado hasta por 5 días.

Valores Nutricionales (Por Porción ½ taza):

Calorías 158, Grasa 1g, Carbohidratos 33g, Fibra 8g, Proteína 9g

Dip de Patatas con Frijoles

Tiempo de Preparación: 25 minutos

Tamaño de Porción: 7-8

Tipo de Dieta: Sin Gluten, Sin Lácteos, Sin Soya, Sin Nueces, Vegana, Vegetariana

Ingredientes:

- 2 cucharadas de zumo de lima
- 1 cucharada de aceite de oliva
- 5 dientes de ajo picados
- 1 taza de garbanzos enlatados, escurridos y enjuagados
- 4 tazas de boniatos cocidos, pelados y picados
- ¼ taza de pasta de sésamo
- ½ cucharadita de comino molido
- 2 cucharadas de agua
- Una pizca de sal

Modo de Preparación:

1. En una licuadora, agrega todos los ingredientes y mezcla hasta formar una mezcla suave.

2. Transfiere a un tazón.

3. Sirve con zanahoria, apio o palitos de verduras.

Valores Nutricionales (Por porción):

Calorías 156, Grasa 3g, Carbohidratos 10g, Fibra 6g, Proteína 8g

Patatas Fritas de Calabacín

Tiempo de Preparación: 30 minutos

Tamaño de la Porción/Rendimiento: 12 unidades

Tipo de Dieta: Sin Gluten, Sin Soya, Sin Nueces, Vegana, Vegetariana

Ingredientes:

- ½ taza de harina de almendras
- 1 calacacín mediano, pelado y cortado por la mitad a lo ancho
- 1 cucharada de aceite de aguacate
- ½ cucharadita de sal
- ½ cucharadita de ajo en polvo
- ½ cucharadita de pimienta negra molida

Modo de Preparación:

1. Precalienta el horno a 425°F. Cubre una bandeja de horno con papel de hornear.
2. En un tazón, mezcla la harina, la sal, el ajo en polvo y la pimienta.
3. Haz un total de 12 tiras de mitades de calabacín.
4. Cepilla las tiras con el aceite y cubre con la mezcla de harina. Separa uniformemente las patatas fritas en la hoja preparada.
5. Hornea durante 20 minutos o hasta que estén crujientes. Sírvelo caliente.

Valores Nutricionales (Por Unidad):

Calorías 42, Grasa 3g, Carbohidratos 2g, Fibra 0.3g, Proteína 1g

Bocaditos de Pollo

Tiempo de Preparación: 20 minutos

Tamaño de Porción: 2

Tipo de Dieta: Sin Gluten, Sin Lácteos, Sin Soya

Ingredientes:

- 2 cucharadas de ajo en polvo
- 2 pechugas de pollo, en cubos
- ½ taza de harina de almendras
- 1 huevo
- Pimienta negra molida y sal al gusto
- ½ taza de aceite de coco

Modo de Preparación:

1. En un tazón (tamaño mediano), mezcla el ajo en polvo, harina, sal y pimienta. Remueve.
2. En otro tazón, bate el huevo.
3. Cubre los cubos de pechuga de pollo en la mezcla de huevo, luego cubre con la mezcla de harina.
4. En una sartén (también puedes usar una cacerola); calienta el aceite a fuego medio en la estufa.

5. Añade los trozos de pollo, cocínalos durante 4-5 minutos de cada lado hasta que se cocine bien.

6. Sírvelo caliente.

Valores Nutricionales (Por porción):

Calorías 72, Grasa 4g, Carbohidratos 6g, Fibra 2g, Proteína 8g

Dip de Anacardo y Jengibre

Tiempo de Preparación: 5 minutos

Tamaño de la Porción/Rendimiento: 1 taza

Tipo de Dieta: Sin Gluten, Sin Lácteos, Sin Soya, Vegana, Vegetariana

Ingredientes:

- 1 cucharada de aceite de oliva extra virgen
- 2 cucharaditas de coco aminos
- 1 taza de anacardos crudos, remojados en agua filtrada durante 20-25 minutos y escurridos
- 2 dientes de ajo

- ¼ taza de agua filtrada
- 1 cucharadita de zumo de limón
- ½ cucharadita de jengibre molido
- ¼ cucharadita de sal
- Pizca de pimienta de cayena

Modo de Preparación:

1. En una licuadora o procesador de alimentos, licúa los anacardos, ajo, agua, aceite de oliva, aminos, zumo de limón, jengibre, sal y pimienta de cayena.
2. Añade la mezcla en un tazón.
3. Tapa y refrigera hasta que esté bien frío. Puedes almacenarlo durante 4-5 días en el refrigerador.

Valores Nutricionales (Por porción):

Calorías 124, Grasa 9g, Carbohidratos 5g, Fibra 1g, Proteína 3g

Delicia Nocturna de Alforfón

Tiempo de Preparación: 25 minutos

Tamaño de Porción: 4

Tipo de Dieta: Sin Gluten, Sin Lácteos, Sin Soya, Sin Nueces, Vegana, Vegetariana

Ingredientes:

- 2 cucharaditas de ajo picado
- 2 tazas de alforfón cocido
- 1 cucharada de aceite de oliva
- ½ taza de cebolla roja picada
- Zumo de 1 limón
- Ralladura de 1 limón (opcional)
- ½ taza de perejil picado
- ¼ taza de menta picada
- Sal marina al gusto

Modo de Preparación:

1. En una sartén (también puedes usar una cacerola); calienta el aceite a fuego medio en la estufa.
2. Añade las cebollas, ajo, remueve la mezcla y cocina mientras revuelves durante unos 2-3 minutos hasta que se ablande.

3. Agrega el alforfón, el zumo de limón y la ralladura de limón. Remueve y cuece durante unos 4-5 minutos.

4. Añade el perejil y la menta. Saltea durante 1 minuto.

5. Retira del fuego y sazona con sal. Sírvelo caliente.

Valores Nutricionales (Por porción):

Calorías 394, Grasa 6g, Carbohidratos 38g, Fibra 9g, Proteína 16g

Garbanzos con Especias

Tiempo de Preparación: 20-25 minutos

Tamaño de la Porción/Rendimiento: 4 tazas

Tipo de Dieta: Sin Gluten, Sin Lácteos, Sin Soya, Sin Nueces, Vegana, Vegetariana

Ingredientes:

- 4 tazas de garbanzos cocidos, escurridos y secos
- 1 cucharadita de ajo en polvo
- 2 cucharadas de aceite de oliva virgen extra
- 1 cucharadita de sal

- Pimienta negra molida al gusto

Modo de Preparación:

1. Precalienta el horno a 400°F. Cubre una bandeja de horno con papel de hornear.
2. Esparce los garbanzos y cubre con el aceite.
3. Hornea durante 20 minutos, muévelos a mitad del tiempo.
4. Transfiérelos a un tazón grande.
5. Mezcla con la sal y el ajo en polvo; sazona con pimienta. Sírvelo caliente.

Valores Nutricionales (Por Porción ¼ taza):

Calorías 148, Grasa 5g, Carbohidratos 22g, Fibra 6g, Proteína 8g

Postres

Mora Granita

Tiempo de Preparación: 10 minutos

Tamaño de Porción: 4

Tipo de Dieta: Sin Gluten, Sin Lácteos, Sin Soya, Sin Nueces, Vegetariana

Ingredientes:

- ½ taza de miel cruda
- ¼ taza de zumo de limón
- 1 libra de moras
- ½ taza de agua
- 1 cucharadita de tomillo picado

Modo de Preparación:

1. En una licuadora o procesador de alimentos, mezcla las moras, agua, miel, zumo de limón y tomillo.
2. Mezcla para hacer un suave puré.
3. Procesa a través de un tamiz de malla fina en una fuente cuadrada para hornear.
4. Colócalo en el congelador durante 2 horas. Retira el plato y rompe cualquier sección congelada revolviendo suavemente. Congela de nuevo durante 1-2 horas; repite lo mismo hasta obtener una estructura parecida al granito. Sirve bien frío.

Valores Nutricionales (Por porción):

Calorías 176, Grasa 1g, Carbohidratos 42g, Fibra 6g, Proteína 2g

Explosión de Frutas con Especias

Tiempo de Preparación: 35 minutos

Tamaño de Porción: 4

Tipo de Dieta: Sin Gluten, Sin Lácteos, Sin Soya, Vegana, Vegetariana

Ingredientes:

Para el Relleno:

- 1 mango grande, pelado y troceado
- 1 piña, pelada y cortada en trozos pequeños
- 2 cucharadas de aceite de coco
- 2 cucharadas de sirope de arce
- 1/8 cucharadita de canela molida
- 1/8 cucharadita de jengibre molido

Para la Cobertura:

- ½ cucharadita de pimienta de Jamaica molida
- ½ cucharadita de canela molida
- ½ cucharadita de jengibre molido
- ¾ tazas de almendras
- 1/3 taza de coco rallado

Modo de Preparación:

1. Precalienta el horno a 375°F. Engrasa una fuente para hornear con un poco de aceite en espray.
2. En una sartén (también puedes usar una cacerola); calienta el aceite a fuego medio en la estufa.
3. Añade el sirope de arce y cocina, revolviendo durante aproximadamente 1-2 minutos.
4. Agrega los ingredientes restantes y cocina durante 4-5 minutos.
5. Retira del fuego, enfría y agrega a una fuente para horno.
6. En una licuadora, agrega los ingredientes para la cobertura.
7. Mezcla bien hasta lograr una textura consistente.
8. Hornea durante alrededor de 15 minutos o hasta que se vuelva dorado. Sírvelo caliente.

Valores Nutricionales (Por porción):

Calorías 307, Grasa 22g, Carbohidratos 26g, Fibra 4g, Proteína 3g

Tarta de Cereza

Tiempo de Preparación: 30-35 minutos

Tamaño de Porción: 4

Tipo de Dieta: Sin Gluten, Sin Lácteos, Sin Soya, Sin Nueces, Vegana, Vegetariana

Ingredientes:

- ¼ taza de coco rallado sin azúcar
- ¼ taza de harina de coco
- 1 cucharada de harina de arrurruz
- 2 tazas de cerezas sin hueso
- ¼ de taza +1 cucharada de sirope de arce

- ¼ taza de pecanas, picadas
- ½ cucharadita de canela molida
- Pizca de sal

Modo de Preparación:

1. Precalienta el horno a 375°F. Engrasa una fuente para hornear con un poco de aceite en espray.
2. Añade las cerezas y ¼ de taza de sirope.
3. En un tazón (tamaño mediano), mezcla una cucharada de sirope de arce y el resto de los ingredientes.
4. Agrega la mezcla sobre las cerezas de manera uniforme.
5. Hornea durante 25 minutos y sírvelo caliente.

Valores Nutricionales (Por porción):

Calorías 168, Grasa 13g, Carbohidratos 22g, Fibra 1g, Proteína 5g

Mousse de Limón con Coco

Tiempo de Preparación: 15-20 minutos

Tamaño de Porción: 4

Tipo de Dieta: Sin Gluten, Sin Lácteos, Sin Soya, Sin Nueces, Vegetariana

Ingredientes:

- 2 tazas de leche de coco
- ½ taza de zumo de limón
- ¼ taza de agua
- 2 cucharaditas de gelatina en polvo
- ¼ taza de miel cruda
- 2 cucharadas de ralladura de cáscara de limón

Modo de Preparación:

1. En una sartén (también puedes usar una cacerola); calienta el agua a fuego medio en la estufa.
2. Mezcla la gelatina y reserva durante 10 minutos para espesar.
3. En un tazón (tamaño mediano), bate la leche, el zumo de limón, la miel y la ralladura de limón.

4. Calienta nuevamente la mezcla de gelatina y agrega la mezcla de leche; revuelve y calienta la mezcla.

5. Enfría y refrigera por aproximadamente 2 horas hasta que esté listo.

6. Añade el mousse en tazones para servir.

Valores Nutricionales (Por porción):

Calorías 318, Grasa 11g, Carbohidratos 26g, Fibra 4g, Proteína 3g

Barritas de Postre de Quinua

Tiempo de Preparación: 10 minutos

Tamaño de Porción: 8

Tipo de Dieta: Sin Gluten, Sin Lácteos, Sin Soya, Vegetariana

Ingredientes:

- ¼ taza de miel cruda
- ¼ taza de cacao en polvo
- ½ taza de mantequilla de almendras
- 4 tazas de quinua inflada
- ¼ taza de almendras picadas

Modo de Preparación:

1. Engrasa una fuente para hornear cuadrada con un poco de espray para cocinar.
2. En una sartén (también puedes utilizar una olla); calienta la mantequilla a fuego medio.
3. Añade la miel y el cacao en polvo. Revuelve y calienta la mezcla; reserva para enfriar.
4. En un tazón, mezcla la quinua y las almendras.

5. Añade la mezcla a la sartén. Revuelve todo junto.

6. Añade la mezcla en el plato y presiona firmemente.

7. Refrigera por aproximadamente 1-2 horas. Corta en 16 trozos y sirve.

Valores Nutricionales (Por porción):

Calorías 96, Grasa 3g, Carbohidratos 17g, Fibra 1g, Proteína 2g

Delicia de Manzana y Pera

Tiempo de Preparación: 25 minutos

Tamaño de Porción: 4

Tipo de Dieta: Sin Gluten, Sin Lácteos, Sin Soya, Sin Nueces, Vegetariana

Ingredientes:

- ¼ taza de miel cruda
- 1 cucharadita de clavos enteros
- 4 tazas de agua
- 2 tazas de zumo de manzana sin azúcar
- ½ cucharadita de semillas de cardamono enteras
- 1 cucharadita de extracto puro de vainilla

- 4 peras peladas, sin corazón y cortadas por la mitad

Modo de Preparación:

1. En una sartén (también puedes utilizar una olla); calienta la miel, los clavos, el agua, el jugo de manzana, el cardamomo y la vainilla a fuego medio.

2. Hierve la mezcla. Reduce el fuego al mínimo y cocina a fuego lento durante 5 minutos.

3. Añade la pera y tápalo. Cocina a fuego lento durante unos 8-10 minutos, revolviendo a la mitad del tiempo.

4. Añade la mezcla en platos para servir. Sirve las peras con la salsa líquida encima.

Valores Nutricionales (Por porción):

Calorías 238, Grasa 0g, Carbohidratos 52g, Fibra 7g, Proteína 1g

Sorpresa de Calabaza y Nueces

Tiempo de Preparación: 10 minutos

Tamaño de Porción: 6

Tipo de Dieta: Sin Gluten, Sin Lácteos, Sin Soya, Sin Nueces, Vegana, Vegetariana

Ingredientes:

- 1 cucharadita de canela molida
- ½ cucharadita de jengibre molido
- ¼ cucharadita de nuez moscada molida
- 2 tazas leche de coco en lata con toda la grasa
- 1 taza de puré de calabaza puro
- ¼ taza de sirope de arce puro
- Pizca de clavo
- 2 cucharadas de pecanas picadas, para decorar

Modo de Preparación:

1. En un tazón, bate la leche, la canela, el jengibre, la calabaza, el sirope de arce, la nuez moscada y los clavos.
2. Cubre y refrigera el tazón por aproximadamente 2 horas hasta que se enfríe.
3. Cubre con las pecanas y sirve.

Valores Nutricionales (Por porción):

Calorías 246, Grasa 18g, Carbohidratos 17g, Fibra 3g, Proteína 4g

Conclusión

¡Gracias nuevamente por el valioso tiempo que has tomado leyendo este libro!

Los alimentos que combaten la inflamación inspiran cambios de vida impactantes. Traen verdadera nutrición a tu mesa todos los días. Los estímulos ambientales afectan nuestra estructura genética y desencadenan la defensa natural de nuestro cuerpo a través de la respuesta autoinmune.

La inflamación es la causa raíz de varios trastornos y dolencias de la salud. Afortunadamente, tenemos el poder de luchar contra ellos siguiendo una dieta saludable. Estos cambios en la dieta ayudan a aliviar los síntomas de las enfermedades autoinmunes, incluida la artritis y dolor en las articulaciones.

Las recetas cubiertas en el libro son saciantes y llenas de sabores vibrantes. El plan de comidas es realmente útil para principiantes, ya que pueden consumir platos combinando varias verduras, especias, carnes y variedades de pescado.

Al conocer todos los alimentos antiinflamatorios que puedes incluir en tu dieta, puedes experimentar con recetas sencillas. Puedes añadir tu elección de ingredientes para personalizar los sabores de tu preferencia.

¿Qué estás esperando? Haz un viaje al supermercado, llena tu despensa con ingredientes antiinflamatorios y comienza a preparar estas deliciosas recetas. ¡Gracias y diviértete disfrutando de estas recetas saludables!

Por último, si disfrutaste este libro, tómate el tiempo de escribir un comentario en Amazon. Tus honestos comentarios serán de mucha ayuda. Te deseo todo lo mejor para lograr la vitalidad y la salud óptima que todos merecemos.

¡Que tengas un buen día! La mejor de las suertes en todos tus proyectos.

Recetas Anti Inflamatorias de Cocción Lenta

Guía paso a paso con más de 130 recetas de cocción lenta probadas para la curación del sistema inmunológico y la salud general

John Carter

Texto Derechos de Autor © John Carter

Todos los derechos reservados. Ninguna parte de esta guía puede reproducirse de ninguna forma sin permiso por escrito del editor, excepto en el caso de citas breves incorporadas en artículos críticos o reseñas.

Aviso Legal y Descargo

La información contenida en este libro y su contenido no está diseñada para reemplazar o tomar el lugar en cualquier forma de consejo médico o profesional; y no pretende reemplazar la necesidad de asesoría o servicios médicos, financieros, legales u otros profesionales independientes, según sea necesario. El contenido y la información de este libro se han proporcionado únicamente con fines educativos y de entretenimiento.

El material y la información contenidos en este libro han sido recopilados de fuentes consideradas confiables, y es precisa según el mejor conocimiento, información y creencia del autor. Sin embargo, el autor no puede garantizar su precisión y validez y no se hace responsable de errores u omisiones. Además, periódicamente se realizan cambios a este libro cuando sea necesario. Cuando sea apropiado y/o necesario, debe consultar a un profesional (incluidos, entre otros, su médico, abogado, asesor financiero u otro asesor profesional) antes de utilizar cualquiera de los remedios, técnicas o información sugeridos en este libro.

Al utilizar el contenido y la información contenida en este libro, usted acepta eximir de responsabilidad al autor de cualquier daño, costo y gasto, incluidos los honorarios legales que puedan resultar de la aplicación de la información proporcionada por este libro. Este descargo de responsabilidad se aplica a cualquier pérdida, daño o lesión causada por el uso y la aplicación, ya sea directa o indirectamente, de cualquier consejo o información presentada, ya sea por incumplimiento de contrato, agravio, negligencia, lesiones personales, intención criminal o por cualquier otra causa de acción.

Usted está de acuerdo en aceptar todos los riesgos de usar la información presentada en este libro.

Usted acepta que al continuar leyendo este libro, cuando sea apropiado y/o necesario, deberá consultar a un profesional (que incluye, entre otros, a su médico, abogado o asesor financiero u otro asesor, según sea necesario) antes de usar cualquiera de los remedios sugeridos, técnicas o información en este libro.

Tabla de Contenidos

Introducción: Comprensión de la Inflamación y las Recetas de Dietas Anti Inflamatorias 284

    ¿Por Qué Necesitamos una Dieta Antiinflamatoria? 284

    ¿Qué es la Inflamación y Qué le Hace a Tu Cuerpo? 284

    Beneficios de Adoptar la Dieta Antiinflamatoria 285

    El Papel de la Dieta Inflamatoria 286

    ¿Qué Alimentos Ingerir y Qué Alimentos se Deben Evitar? 287

    Alimentos a Evitar 287

    Consejos Importantes a Seguir 288

    Introducción a la Cocción Lenta y sus Beneficios 289

    Algunos Trucos y Consejos de Seguridad para que la Cocción Lenta sea un Éxito 290

    Incluso Puedes Cocinar sin una Receta 290

    Las Aves y las Carnes Congeladas Deben Descongerlarse Primero 290

    No es Necesario Mirar a Cada Momento Mientras Cocinas 290

    ¿Qué Alimentos No Deben Cocinarse en una Olla de Cocción Lenta? 291

    Puedes Recalentar Alimentos Solo una Vez 291

Recetas Increíblemente Deliciosas para Vencer la Inflamación ... 292

    Desayuno 292

    Quinua Desayuno Anti Inflamatorio 293

    Avena Cortada con Banana y Leche de Coco 294

    Tazón de Quinua y Naranja con Cardamomo 296

    Yogur Cremoso en Cocción Lenta 297

    Cazuela de Huevos Griegos de Desayuno 299

    Estofado de Desayuno Saludable 300

Tazón de Arroz con Cerdo Teriyaki 301

Cazuela de Tostada Francesa con Chispas de Chocolate y Frambuesa 302

Avena Simple en Cocción Lenta 303

Masa de Granola y Manzana en Cocción Lenta 304

Gachas de Amaranto y Pastel de Manzana Cocido a Fuego Lento 305

Frittata de Espinacas y Mozzarella a Fuego Lento 307

Manzanas Asadas a Cocción Lenta 309

Tostada Francesa con Banana a Cocción Lenta 310

Arroz Integral Congee con Pollo en Cocción Lenta 312

Cobbler en Cocción Lenta 314

Calabaza Glaseada con Sirope de Arce a Cocción Lenta 315

Pastel de Zanahoria con Avena en Cocción Lenta Nocturna 317

Avena con Melocotón en Cocción Lenta 318

Tortilla de Vegetales en Cocción Lenta 319

Almuerzo **321**

Tacos de Res con Salsa Verde 322

Minestrone de Judías Blancas 324

Coliflor Boloñesa con Fideos de Calabacín 327

Camarones Cítricos Chipotle en Tazas de Lechuga 328

Tofu Estilo Japonés a Cocción Lenta 330

Cerdo Gochujang Coreano 332

Ensalada de Frijoles Pintos, Tomate y Cebolla 333

Pilaf de Quinua con Arroz Salvaje 336

Pollo Coreano en Cocción Lenta 338

Garbanzos Kung Pao en Olla de Cocción Lenta 340

Risotto de Cebada y Champiñones en Cocción Lenta 342

Molondrones con Tomate en Cocción Lenta 344

Verduras Asadas en Cocción Lenta 345

Arroz Español en Cocción Lenta 346

Pimientos Rellenos en Cocción Lenta 347

Chili de Lentejas y Cúrcuma en Cocción Lenta 349

Batata con Chile Chipotle 3507

Plato de Vegetales, Colágeno y Chile 352

Cena...3530
Plato de Verduras con Arroz al Curry Anti Inflamatorio 354

Rollos de Lechuga Asiática 355

Estofado de Frijoles Negros, Quinua y Batata 357

Guiso de Res con Frijoles Negros 358

Coles de Bruselas con Arándanos, Nueces y Calabaza Mantequilla 359

Pollo a la Cacciatore con Champiñones Cremini 361

Vegetales Korma Fáciles en Cocción Lenta 362

Albóndigas de Res - Judías Verdes Libanesas 364

Pimientos Griegos Rellenos 366

Cordero con Aceitunas y Patatas en Cocción Lenta 368

Judías Verdes Libanesas - Res 370

Pollo Marroquí con Calabaza 371

Pisto 372

Puré de Romero - Zanahoria - Chirivía 373

Berenjena Parmesana en Cocción Lenta 374

Enchilada Horneada de Quinua en Cocción Lenta............... 375

Cordero con Aceitunas y Patatas en Cocción Lenta............ 377

Espárragos al Limón en Cocción Lenta................................ 379

Berenjenas a la Mediterránea en Cocción Lenta 380

Champiñones Boloñesa en Cocción Lenta 381

Pisto en Cocción Lenta.. 383

Chile con Pavo en Cocción Lenta 384

Curry de Verduras con Tofu en Cocción Lenta.................... 386

Ensalada Tailandesa de Pollo con Maní 388

Tofu Vegano Tikka Masala 390

Refrigerios **392**
Boniatos Asados en Olla de Cocción Lenta 393

Brie de Cereza y Pistacho 394

Pecanas con Canela Fáciles en Cocción Lenta.................... 395

Salsa de Frutas 396

Barritas Energéticas de Quinua 397

Barritas de Avena Horneadas en Cocción Lenta.................. 398

Champiñones en Olla de Cocción Lenta 400

Alitas de Pollo con Soja y Lima en Cocción Lenta............... 401

Barritas Energéticas de Quinua en Cocción Lenta............... 402

Panini de Pollo Tandoori 404

Mix de Aperitivos de Curry Tailandés 405

Tortillas de Cúrcuma 407

Sopas..**409**
Sopa de Vegetales Anti Inflamatoria................................... 410

Caldo de Huesos 411

Sopa de Brócoli, Cúrcuma y Jengibre 412

Sopa de Calabaza Mantequilla 414

Coliflor Boloñesa con Fideos de Calabacín 416

Sopa de Frijoles Negros en Cocción Lenta 417

Sopa de Col Rizada y Quinua en Olla de Cocción Lenta 418

Sopa de Cordero y Tomillo Regeneradora en Cocción Lenta 419

Chili de Pollo Saludable 421

Sopa de Pollo a la Mexicana 423

Chirivía – Sopa de Guisantes Partidos 425

Sopa de Pimiento Rojo Asado con Tomate y Cúrcuma 426

Sopa de Pollo con Fideos en Cocción Lenta 427

Sabrosa Sopa Súper Alimento en Olla de Cocción Lenta 429

Verduras Variadas de Invierno en Olla de Cocción Lenta.... 430

Sopa de Fajita Picante 431

Sopa de Fresa y Remolacha 433

Sopa de Coco Vegana Desintoxicante en Olla de Cocción Lenta 434

Pescados y Mariscos 436

Salmón Saludable en Cocción Lenta 437

Estofado de Bagre a Fuego Lento 439

Salmón al Eneldo y Limón 440

Papas Panadera con Salmón 441

Camarones Barbacoa en Cocción Lenta 442

Curry Rojo con Bacalao en Olla de Cocción Lenta 443

Estofado de Pescado en Olla de Cocción Lenta (Cioppino) 444

Pescado y Tomates en Cocción Lenta 446

Camarones al Ajillo en Cocción Lenta 447

Jurel al Vapor con Soja y Jengibre en Olla de Cocción Lenta 449

Halibut al Limón con Alcaparras en Olla de Cocción Lenta 450

Salmón Escalfado con Miso en Olla de Cocción Lenta 452

Sabalote Escalfado con Piña y Jengibre 453

Popurri de Mariscos en Olla de Cocción Lenta 454

Camarones Criollos en Cocción Lenta 455

Camarones Scampi en Cocción Lenta 457

Estofado de Mariscos en Olla de Cocción Lenta 459

Sardinas a la Española en Cocción Lenta 461

Camarones y Quinua a la Española en Cocción Lenta 190

Tilapia en Cocción Lenta 465

Judías Blancas y Atún en Cocción Lenta 466

Cazuela de Atún y Papa en Olla de Cocción Lenta 467

Moqueca con Tilapia y Camarones en Olla de Cocción Lenta 468

Carne y Aves de Corral **469**
Estofado de Ternera con Mantequilla de Almendras 470

Strogonoff Balsámico de Pollo y Champiñones 472

Estofado de Ternera, Cebada y Verduras 473

Albóndigas de Pollo en Cocción Lenta 474

Pollo Tomatillo Verde 476

Asado de Cerdo con Arándanos 477

Carne de Res Cubana 478

Tacos de Cerdo Cubanos con Patacones 480

Albóndigas de Pollo al Curry 482

Pollo al Ajillo con Cuscús de Trigo Integral 484

Filete Salisbury Sin Gluten 486

Pollo a la Cúrcuma con Limoncillo en Cocción Lenta 488

Pollo Balsámico Simple 489

Cerdo Georgia Desmenuzado a la Barbacoa 490

Kebabs - Cocción Lenta 492

Pollo al Limón en Cocción Lenta 493

Arroz Mexicano en Cocción Lenta 494

Chuletas de Cerdo con Piña y Salsa Barbacoa en Olla de Cocción Lenta 495

Pierna de Cordero Asada con Salsa en Cocción Lenta 496

Carne Asada con Especias 498

Pollo con Boniato 499

Chana Masala Vegana 500

CONCLUSIÓN 501

Introducción:
Comprensión de la Inflamación y las Recetas de Dietas Anti Inflamatorias

¿Por Qué Necesitamos una Dieta Antiinflamatoria?

¿Qué es la Inflamación y Qué le Hace a Tu Cuerpo?

La inflamación es un proceso por el cual los glóbulos blancos junto con las sustancias que producen protegen al cuerpo de la invasión de organismos externos como virus y bacterias. Sin embargo, hay casos en los que el sistema de defensa del cuerpo, que es el sistema inmunitario, desencadena una respuesta inflamatoria incluso en ausencia de una invasión externa. Sin el enemigo para luchar, el sistema inmune causa daño a sus propios tejidos, de ahí la aparición de enfermedades autoinmunes como la artritis. Pero no toda la artritis es causada por una inflamación desafortunada. La artritis que generalmente se asocia con inflamación es:

- Artritis psoriásica
- Artritis reumatoide
- Artritis de gota

Los síntomas de inflamación incluyen:

- Articulaciones inflamadas y dolor
- Pérdida de la función articular y rigidez
- Enrojecimiento en el área externa que rodea las articulaciones afectadas.

La inflamación también es una forma de mecanismo de defensa. A medida que el sistema inmunitario del cuerpo reconoce las células dañadas, los patógenos y los irritantes, recurre a la curación por sí mismo. Es parte de la respuesta inmune del cuerpo y sin inflamación; cualquier daño a los tejidos no podría sanar.

Sin embargo, una vez que se vuelve crónica, puede volverse dañina para el cuerpo humano. La inflamación crónica es recurrente y puede durar años, lo que lleva a varias enfermedades dañinas. La inflamación crónica también puede ocurrir en el cuerpo sin darte cuenta. Este tiempo de inflamación puede conducir a afecciones que conducen a la muerte, incluidas:

- Diabetes
- Enfermedad cardiovascular
- Enfermedad del hígado graso

Las personas que sufren de estrés y obesidad son más propensas a la inflamación crónica.

Beneficios de Adoptar la Dieta Antiinflamatoria

Una dieta antiinflamatoria contiene diferentes alimentos ricos en nutrientes repletos de antioxidantes que tiene como objetivo reducir las respuestas inflamatorias. Los antioxidantes son moléculas reactivas en los alimentos que combaten los radicales libres. Con ellos, una gran cantidad de radicales libres dentro del cuerpo, puede dañar las células y, por lo tanto, aumentar el riesgo de ciertas enfermedades.

El Papel de la Dieta Inflamatoria

Si deseas alejarte de la inflamación crónica, hay alimentos que debes comer y otros que debes evitar. Es esencial basar tu dieta en alimentos que contengan nutrientes y antioxidantes. Evita completamente los alimentos procesados e ingiere alimentos que estén más cerca de su estado natural o aquellos que estén mínimamente procesados.

La dieta antiinflamatoria se usa como terapia complementaria para muchas afecciones médicas empeoradas por la inflamación crónica. Entre ellos están:

- Asma
- Psoriasis
- Artritis reumatoide
- Colitis
- Enfermedad de Crohn
- Esofagitis eosinofílica
- Lupus
- Síndrome metabólico
- Diabetes
- Obesidad
- Enfermedad inflamatoria intestinal
- Enfermedad del corazón
- Enfermedad de Hashimoto
- Ciertos tipos de cáncer, incluido el cáncer colorrectal.

¿Qué alimentos Ingerir y Qué Alimentos se deben Evitar?

Hay ciertos alimentos que deberían formar parte de tu dieta, ya que ayudan a reducir los riesgos inflamatorios.

- Tomates
- Aceite de Oliva
- Frutos secos
- Vegetales de hoja verde como la col rizada y las espinacas
- Pescados grasos
- Frutas especialmente bayas y naranjas

Alimentos a Evitar

Hay alimentos que pueden desencadenar el riesgo de inflamación crónica. He aquí algunos de ellos:

Carbohidratos refinados

- Pan blanco
- Pasta blanca

Bebidas azucaradas y alcohólicas

- Refrescos gaseosos
- Bebidas energéticas
- Jugos de frutas
- Vinos y licores en exceso

Alimentos Procesados

- Postres
- Pasteles
- Dulces
- Galletas

- Helado
- Carnes procesadas (perritos calientes, salchichas, jamón, mortadelas, etc.)

Aperitivos procesados

- Galletas saladas
- Patatas fritas
- Otras comidas chatarra

Grasas trans y ciertos aceites

- Aceites procesados de semillas y vegetales (aceite de maíz, aceites vegetales, etc.)
- Grasas trans (alimentos que contienen ingredientes parcialmente hidrogenados)

Consejos Importantes a Seguir

Para algunas personas, adaptarse a una dieta antiinflamatoria puede ser un gran desafío. Hay varias cosas que puedes hacer para facilitar esta transición a una dieta inflamatoria.

- Ingiere más cantidades de frutas y verduras variadas.
- Aléjate de las comidas rápidas.
- Elimina el consumo de refrescos y bebidas azucaradas.
- Planifica tu lista de la compra con anticipación para asegurarte de que comprarás alimentos y refrigerios saludables.
- Bebe más agua o agua con limón.
- Haz ejercicio regularmente.
- Prepara pequeños bocadillos antiinflamatorios que te puedan ser de ayuda en cualquier momento.
- Ten un régimen de ejercicio regular.
- Mantén los requerimientos diarios de calorías.
- Agrega suplementos como grasas omega-3 y cúrcuma a la dieta.

Introducción a la Cocción Lenta y sus Beneficios

Si bien la olla de cocción lenta puede no tener una tarea de cocina diversa, tiene muchos beneficios significativos, que son la razón principal por la que escribimos este libro. Entonces, antes de sumergirte en la preparación para cocinar la Dieta Inflamatoria, aprende los diferentes beneficios de usar una olla de cocción lenta.

- La cocción lenta a baja temperatura retiene los nutrientes necesarios que son más volátiles y disminuye la posibilidad de quemar alimentos, ya que los trozos tienden a adherirse al fondo de la sartén cuando se cocina en un horno.

- Las horas de cocción prolongadas permiten una mejor distribución de sabores en los alimentos que estás cocinando.

- Carnes menos costosas, como el asado, los filetes de ternera y la carne de res estofada menos magra pueden volverse más tiernas con el largo proceso de cocción. También es una excelente manera de cocinar platos de carne de venado.

- Te permite liberar tu horno y tus fogones para otros usos.

- Te ahorra energía y, por lo tanto, reduce tu presupuesto en comparación con el uso de un horno eléctrico estándar.

- Es conveniente de usar, ya que puedes enchufarlo y dejarlo desatendido durante todo el día.

Las mejores cosas de la vida requieren tiempo y paciencia, especialmente en la preparación de alimentos. Los que son más sabrosos como los guisos son una prueba de que, aunque lleva un tiempo prepararlos, puede ser uno de los más simples de preparar, ya sea que tengas tiempo de sobra o no.

Algunos Trucos y Consejos de Seguridad para que la Cocción Lenta sea un Éxito

Aquí hay algunos consejos y trucos para ayudarte a preparar o guisar usando tu olla de cocción lenta.

Incluso Puedes Cocinar sin una Receta

Cocinar a fuego lento o estofar es una excelente manera de improvisar y siempre y cuando pongas los ingredientes básicos del estofado en la olla de cocción lenta, siempre lograrás hacer las cosas bien. Como guía, comprende que la proteína, más los aromáticos, más el líquido, equivalen a estofado.

Intenta combinar sabores que se mezclan, como trozos de carne con vino tinto, costillas, romero, tomillo, jengibre, aceite de sésamo, paletilla de cerdo, salsa de soja dulce, mostaza granulada, cerveza y pimienta.

Las ollas de cocción lenta cuando se usan correctamente son perfectamente seguras de usar. Dado que diferentes alimentos tienen diferentes requisitos de cocción, puedes encontrar muchas ollas de cocción lenta diferentes en el mercado. Sin embargo, es importante seguir la guía y las instrucciones del fabricante al usarla.

Las Aves y las Carnes Congeladas Deben Descongelarse Primero

Descongela completamente la carne congelada y de pollo antes de colocarla dentro de la olla de cocción lenta. Recuerda descongelar la carne en la nevera para que pueda descongelarse pero sin el calor suficiente como para que las bacterias se deleiten y se reproduzcan rápidamente. De esta manera, la carne es segura y le da una mejor textura.

Las piezas de carne más duras y menos costosas, como la paletilla de cordero, se cocinan mejor en olla de cocción lenta. Además de ser excelente para cocinar guisos, cocidos y otros platos, deja suficiente tiempo para que se desarrolle el sabor a carne en un plato.

No es Necesario Mirar a Cada Momento Mientras Cocinas

Las ollas de cocción lenta pueden cocinar completamente cuando se configuran correctamente, incluso sin que tengas que hacer un seguimiento constante de tu plato. No es necesario abrir la olla una vez que está encendida. Además, no retires la tapa para evitar la liberación de vapor y reducir la temperatura, lo que puede afectar el tiempo de cocción. Se puede acumular mucho vapor en la olla de cocción lenta, por lo que debes tener cuidado al quitar la tapa, ya que puede provocar una quemadura desagradable.

¿Qué Alimentos No Deben Cocinarse en una Olla de Cocción Lenta?

Hay ciertos frijoles, incluyendo los frijoles cannellini y frijoles rojos crudos que contienen fitohemaglutinina, una sustancia química que se destruye a través de la ebullición. Si no, causarán envenenamiento. La cocción lenta no tendrá este efecto en los frijoles debido a su temperatura regulada. Cocina por completo los frijoles primero si tienes la intención de incluirlos en el plato.

Puedes Recalentar Alimentos Solo Una Vez

Cuando necesites recalentar alimentos cocinados en una olla de cocción lenta, puedes hacerlo solo una vez. Siempre es peligroso recalentarlos después de esto.

Recetas Increíblemente Deliciosas para Vencer la Inflamación

Desayuno

Quinua Desayuno Anti-Inflamatorio

Ingredientes

- 1 taza de Quinua
- 1 manzana, pelada y troceada
- ¼ taza de Pepitas
- 4 dátiles Medjool, picados
- 3 tazas de leche de almendras
- 2 cucharaditas de Canela
- 1 cucharadita de Extracto de vainilla
- ¼ cucharadita de Nuez moscada
- ¼ cucharadita de Sal

Instrucciones

1. Coloca todos los ingredientes en la olla y pon la tapa. Pon a fuego alto y cocina durante 2 horas o hasta que todo el líquido se haya evaporado. (**Nota:** Si deseas cocinarlo durante la noche, ponlo a temperatura baja antes de acostarte.

Porciones: 5

Datos Nutricionales: Calorías - 287; Carbohidratos - 50g; Grasa - 5g; Proteínas - 12g

Avena Cortada con Banana y Leche de Coco

Ingredientes

- 2 tazas de bananas peladas en rodajas (aproximadamente dos de tamaño mediano)
- 1 taza de avena cortada
- 2 latas de 14 onzas de leche de coco descremada
- ½ taza de agua
- 1 ½ cucharada de mantequilla, cortada en 5-6 trozos
- 1 cucharada de Semillas molidas de linaza
- ½ cucharadita de Canela
- ½ cucharadita de Vainilla
- ¼ cucharadita de Nuez moscada
- ¼ cucharadita de Sal

Para decorar (opcional):

- Bananas, rebanadas
- Nueces, picadas
- Coco, tostado

Instrucciones

1. Engrasa ligeramente la olla con espray antiadherente para cocinar.
2. Pon todos los ingredientes (excepto los aderezos) en la olla de cocción lenta. Mezcla bien, tapa la olla y cocina a fuego lento durante 7 horas.
3. Sirve la avena en tazones. Añade los aderezos (si deseas).

Porciones: 7 (tamaño de la porción de ¾ taza)

Datos Nutricionales: Calorías - 373; Carbohidratos - 30.34g; Grasas - 30.2g; Proteínas - 5.97g

Tazón de Quinua y Naranja con Cardamomo

Ingredientes

- 1 taza de arroz de Quinua, lavado
- 1 libra de zanahorias, peladas y en láminas
- 2 naranjas
- 1 cucharadita de Cardamomo molido
- 2 ½ tazas de caldo de pollo (o vegetales/hueso)
- ⅓ taza de pasas doradas
- 1 pieza de 1 pulgada de jengibre fresco, pelado y picado
- ½ cucharadita de Sal
- ½ cucharadita de Pimienta negra recién molida

Instrucciones

1. Primero, ralla las naranjas y reserva la fruta.
2. Pon la quinua, las zanahorias, las pasas, la ralladura de naranja, el jengibre, el cardamomo, la sal, la pimienta negra y el caldo en la olla de cocción lenta. Mezcla bien. Tapa la olla y cocina a temperatura baja durante aproximadamente 3 a 3 ½ horas o hasta que la quinua esté tierna.
3. Cuando la mezcla de quinua esté casi cocida, coge las naranjas. Pela lo que quedó en la piel de las naranjas con un cuchillo.
4. Una vez que hayas terminado de pelarlas, divide la naranja en gajos. Haz esto en un tazón grande. Sostén la naranja en tu mano no dominante y sostén un cuchillo de cocina en tu mano dominante. Corta entre las membranas y deja que caigan en el recipiente. Continúa hasta que hayas terminado con las naranjas.
5. Pon la quinua en tazones y decora con naranjas. Sirve mientras esté caliente.

Porciones: 4

Datos Nutricionales: Calorías - 170; Carbohidratos - 31g; Grasas - 3g; Proteínas - 5g

Yogur Cremoso en Cocción Lenta

Ingredientes

- ½ galón de leche Orgánica
- 3 cucharaditas de Gelatina orgánica
- 6 onzas de yogur natural con cultivos activos

Instrucciones

1. Vierte la leche en la olla de cocción lenta y cocina a fuego lento durante 3 horas o hasta que la temperatura alcance 150-175°F.
2. Sirve aproximadamente 1 taza de leche en un tazón y agrega gelatina, 1 cucharadita a la vez. Bate constantemente para evitar grumos. Coloca la mezcla nuevamente en la olla y continúa batiendo. (Nota: En caso de grumos, vierte la mezcla sobre un colador de malla fina mientras lo transfieres a la olla).
3. Apaga la olla y deja que la leche repose durante aproximadamente 3 horas o hasta que la mezcla se enfríe a aproximadamente 110°F. (Nota: Si colocas el iniciador de yogur cuando la temperatura aún es de 115° o más, la bacteria se estropeará).
4. Vierte 1 taza de leche de la olla en un tazón y agrega el iniciador de

yogur. Regresa la mezcla a la olla y mezcla suavemente.

5. Cubre toda la olla con una manta grande o un par de toallas grandes durante aproximadamente 10-12 horas. Esto incubará los iniciadores. (Nota: Si tu cocina está a una temperatura inferior a 70°, coloca una lámpara de calor cerca de la cocina).

6. Reserva 6 oz. de yogur, si haces otro lote, este será tu iniciador. Refrigera el resto para reafirmar. ¡Disfruta!

Porciones: 8

Datos Nutricionales: Calorías - 157; Carbohidratos - 11,83g; Grasas - 8,11g; Proteínas - 9,38g

Cazuela de Huevos Griegos de Desayuno

Ingredientes

- 2 tazas de Espinacas
- 1 taza de champiñones Portobello Baby, rebanados
- ½ taza de tomates secos
- ½ taza de queso Feta
- ½ taza de Leche
- 1 cucharada de cebolla roja
- 1 cucharadita de ajo
- ½ cucharadita de Sal
- 1 cucharaditas Pimienta negra

Instrucciones

1. En un tazón grande, mezcla los huevos, la sal y la pimienta. Agrega los champiñones, tomates, espinacas, cebollas y ajo.
2. Revuelve la mezcla de huevo y vierte en la olla. Añade el queso feta encima y cocina a fuego lento durante aproximadamente 4-6 horas.

Porciones: 4

Datos Nutricionales: Calorías - 81; Carbohidratos - 5,6g; Grasas - 4,6g; Proteínas - 5g

Estofado de Desayuno Saludable

Ingredientes

- 1 Cabeza pequeña de brócoli, picada gruesa
- 1 bolsa de 30 onzas de patatas ralladas "hash brown" congeladas
- 6 onzas de queso cheddar orgánico
- 8 Huevos enteros
- 4 claras de huevo
- ¾ taza de Leche
- 2 pimientos morrones cortados en trozos grandes
- ½ Cebolla picada en trozos grandes
- 2 cucharaditas de mostaza molida a la piedra
- ½ cucharadita de sal de ajo
- 1 cucharadita de sal
- ½ cucharadita de pimienta

Instrucciones

1. Bate la leche, las claras de huevo, los huevos enteros, la sal de ajo, la mostaza, la sal y la pimienta en un tazón mediano y luego reserva.
2. Cubre ligeramente el fondo de la olla con espray antiadherente.
3. Coloca la mitad de las patatas *hash brown* en el fondo de la olla. Haz una capa con la mitad del brócoli, pimientos, cebolla y queso. Coloca el resto de las patatas *hash brown* y cubre con el resto de las verduras y el queso. Una vez hecho, vierte la mezcla de huevo encima.
4. Cubre con la tapa y cocina a fuego bajo durante unas 4 horas. Sirve caliente.

Porciones: 8

Aportes Nutricionales (por rebanada): Calorías - 320; Carbohidratos - 29g; Grasas - 13g; Proteínas - 22,1g

Tazón de Arroz con Cerdo Teriyaki

Ingredientes

- 1 libra de lomo de cerdo, en lonjas finas
- 2 tazas de arroz integral, lavado
- 1 taza de vegetales mixtos
- 3 tazas de Caldo
- ½ taza de salsa de soja
- cucharada de Jengibre rallado
- ½ taza de Miel
- cucharada de Mantequilla orgánica
- 1 cucharadita de Ajo rallado
- ¼ taza de Mirin
- ½ taza de puerros, picados

Instrucciones

1. Mezcla la miel, la salsa de soja, el mirin, el ajo y el jengibre en un tazón. Añade el cerdo y marina durante 1 hora.

2. Cuando pase 1 hora, pon la carne de cerdo (con la marinada), el arroz y el caldo en la olla. Pon a fuego alto y cocina durante 2 horas.

3. Agrega las verduras y los puerros en los últimos 10 minutos de cocción.

Porciones: 8

Datos Nutricionales: Calorías - 400; Carbohidratos - 58,6g; Grasas - 8,37g; Proteínas - 23g

Cazuela de Tostada Francesa con Chispas de Chocolate y Frambuesa

Ingredientes

- 5-6 tazas de jalá integral, en cubos
- 1 taza de Leche
- ½ taza de chispas de chocolate negro
- Huevos grandes
- ½ pinta de Frambuesas
- 2 cucharadas Miel
- 1 cucharadita Vainilla

Instrucciones

1. En un tazón mediano, agrega los huevos, la miel, la leche y la vainilla.
2. Coloca los cubitos de jalá en una olla de cocción lenta y empuja ligeramente hacia abajo. Agrega las chispas de chocolate y la mitad de las frambuesas. Repite para formar otra capa.
3. Vierte la mezcla de leche encima. Cubre la olla con la tapa, coloca a temperatura alta y cocina durante aproximadamente 2 horas o hasta que la cacerola se haya hinchado y dorado.

Porciones: 5

Datos Nutricionales: Calorías - 314; Carbohidratos - 33,8g; Grasas - 15,5g; Proteínas - 9,7g

Avena Simple en Cocción Lenta

Ingredientes

- 1 taza de avena cortada
- 4 tazas de Agua
- ½ taza de leche orgánica mitad leche, mitad crema
- 1 taza de arándanos agrios secos (o arándanos)
- 1 taza de Dátiles, picados
- 2 cucharadas Miel

Instrucciones

1. Engrasa ligeramente la olla de la olla de cocción lenta con espray antiadherente.

2. Coloca la avena, el agua, los arándanos agrios (o arándanos) y los dátiles en la olla. Asegura la tapa y cocina a fuego lento durante aproximadamente 7-8 horas.

3. Una vez hecho, vierte la leche (mitad leche, mitad crema). Sirve y disfruta.

Porciones: 4

Datos Nutricionales: Calorías - 157; Carbohidratos - 33g; Grasas - 3g; Proteínas - 2g

Masa de Granola y Manzana en Cocción Lenta

Ingredientes

- 2 manzanas Granny Smith, peladas, sin corazón y troceadas
- 1 taza de Granola
- ¼ taza de jugo de manzana
- ⅛ taza de sirope de arce
- 2 cucharadas de Mantequilla sin lactosa
- ½ cucharadita de Nuez moscada en polvo
- 1 cucharadita de Canela en polvo

Instrucciones

1. Agrega todos los ingredientes a la olla y mezcla bien. Cubre con la tapa y cocina a fuego bajo durante unas 4 horas.

Porciones: 3

Datos Nutricionales: Calorías - 369; Carbohidratos - 56g; Grasas - 15g; Proteínas - 5g

Gachas de Amaranto y Pastel de Manzana Cocido a Fuego Lento

Ingredientes

- 2 tazas de amaranto, germinado o remojado
- 5 manzanas dulces, sin corazón, cortadas en cubitos
- 15 Dátiles grandes, sin hueso
- 4 cucharadas de Jugo de naranja
- 1 taza de leche de Coco
- 2 ½ tazas de Agua
- 1 cucharadas de Canela en polvo
- ½ cucharadita de Nuez moscada en polvo
- 1 cucharada de Extracto de vainilla

Para las coberturas (opcional):

- Miel
- Nueces picadas
- Pasas
- Bayas de Goji

Instrucciones

1. Rocía el recipiente de la olla de cocción lenta con mantequilla o aceite de coco.
2. Pon los ingredientes en la olla de cocción lenta en este orden:

manzanas, dátiles, canela, nuez moscada, extracto de vainilla, jugo de naranja, amaranto, leche de coco y agua.

3. Cocina durante la noche (se servirá en el desayuno del día siguiente) o durante aproximadamente 8 horas a temperatura baja.

4. Sirve con tus ingredientes preferidos si lo deseas.

5. Porciones: 8 (tamaño de la porción de ½ taza)

Datos Nutricionales (por ½ taza, sin los aderezos): Calorías - 343; Carbohidratos - 60g; Grasas - 9,7g; Proteínas - 7,8g

Frittata de Espinacas y Mozzarella a Fuego

Lento

Ingredientes

- 1 (paquete) taza de espinacas Baby, sin tallos y picadas
- 3 Huevos enteros
- 3 Claras de Huevo
- 1 taza de queso mozzarella rallado al 2%, dividido
- 2 cucharadas de Leche 1%
- ½ taza de Cebolla, picada
- 1 tomate Roma, cortado en cubitos
- 1 cucharada de Aceite de oliva extra virgen
- ¼ cucharadita de Pimienta blanca
- ¼ cucharadita de Pimienta negra

- Sal

Instrucciones

1. Saltea las cebollas a fuego medio durante unos 5 minutos o hasta que estén tiernas.

2. Engrasa ligeramente la olla con aceite en espray.

3. En un tazón grande, mezcla las cebollas salteadas, ¾ taza de mozzarella y el resto de los ingredientes. Bate para que se mezcle bien y vierte la mezcla a la olla. Cubre con un cuarto de taza de queso mozzarella.

4. Cubre la olla de cocción lenta con su tapa y cocina a fuego lento durante aproximadamente 1 a 1 ½ horas o hasta que los huevos estén firmes. Utiliza un palillo de dientes para comprobar que la frittata esté lista.

Porción: 6

Datos Nutricionales (⅙ de la receta): Calorías - 139; Carbohidratos - 4g; Grasas - 8g; Proteínas - 12g

Manzanas Asadas a Cocción Lenta

Ingredientes

- 1 ¼ tazas de Granola
- 5 Manzanas Gala medianas
- cucharada de Mantequilla orgánica, derretida
- cucharadita de Sirope de arce

Instrucciones

1. Corta la parte superior de las manzanas con un cuchillo. Con una cuchara de melón o una cucharadita de metal para medir, retira el corazón (incluidas las semillas) de cada manzana.
2. Pon ¼ de taza de granola en cada manzana y ponlas en la olla.
3. Rocía las manzanas con mantequilla y, a cada una, con una cucharadita de jarabe de arce.
4. Cubre la olla con su tapa y cocina a fuego alto durante aproximadamente 2 ½ a 3 horas o hasta que las manzanas estén tiernas pero firmes.

Porciones: 5

Datos Nutricionales: Calorías - 313; Carbohidratos - 48g; Grasas - 12g; Proteínas - 4g

Tostada Francesa con Banana a Cocción Lenta

Ingredientes

- 1 baguette francesa de 10 pulgadas (vieja, de 1 a 2 días), cortada en rodajas de 1 pulgada
- 4 bananas, cortadas en rodajas
- 3 huevos, ligeramente batidos
- 4 onzas de queso para untar, ablandado a temperatura ambiente
- ½ taza de nueces o pecanas, picadas
- ¼ taza de leche Descremada
- 2 cucharadas de azúcar morena clara
- ⅓ taza de miel (y más para rociar)
- 1 cucharadita de Canela en polvo
- Pizca de nuez moscada
- ½ cucharada de extracto puro de vainilla
- 2 cucharadas de Mantequilla, cortada en rodajas finas

Instrucciones

1. Cubre la olla con espray antiadherente.
2. Pon queso crema a ambos lados de cada rebanada de pan. Coloca las rodajas al fondo de la olla.
3. Pon las rodajas de bananas encima del pan. Espolvorea con nueces y azúcar. Pon las rebanadas de mantequilla encima y reserva.
4. Añade la miel, extracto de vainilla, leche, nuez moscada y canela con huevos. Bate hasta que esté bien mezclado. Vierte la mezcla encima del pan. (Nota: La mezcla de huevo no solo debe cubrir el pan, sino

que debe llegar hasta ¾ hasta el borde. Si es menos, agrega más mezcla de huevo).

5. Cubre con la tapa y cocina durante aproximadamente 3-4 horas a temperatura baja (o 2-2 ½ horas a temperatura alta). Después de eso, retira la tapa y cambia a configuración "tibia".

6. Transfiere a platos para servir y rocía las rebanadas de pan tostado con miel antes de servir.

Porciones: 6

Datos Nutricionales (2 rebanadas por porción): Calorías - 438; Carbohidratos - 56g; Grasas - 20g; Proteínas - 10g

Arroz Integral Congee con Pollo en Cocción Lenta

Ingredientes

- 1 taza de arroz integral
- 1 pechuga de pollo sin piel
- Tazas de caldo de pollo bajo en sodio
- tazas de Agua
- 3 cucharadas de Salsa de soja
- 2 cucharadas de Jengibre rallado
- 1 diente de ajo, pelado y machacado
- 1 cucharadas de Jugo de lima
- 2 cucharadas de Aceite de sésamo
- 1 cucharadita de Hojuelas de chile picante
- ¼ cucharadita de Sal

Para los aderezos:

- Cebollas verdes, en rodajas
- Maní picado
- Cilantro picado
- Aceite de sésamo

Instrucciones

1. Pon el arroz, el pollo, el agua, el caldo, el ajo, el jengibre, la salsa de soya, las hojuelas de chile y la sal en la olla.

2. Pon la olla a temperatura baja y cocina durante aproximadamente 8 horas (o en temperatura alta durante aproximadamente 4 horas).

3. Una vez hecho, revuelve el arroz congee (si es necesario, agrega más agua para ajustar la consistencia) y retira el pollo. Desmenuza el pollo, desechando los huesos si los hay, y regresa al congee.

4. Agrega el jugo de lima y el aceite de sésamo. Sirve con los aderezos favoritos.

Porciones: 6

Datos Nutricionales: Calorías - 257; Carbohidratos - 26.3g; Grasas -10.3g; Proteínas - 14.6g

Cobbler en Cocción Lenta

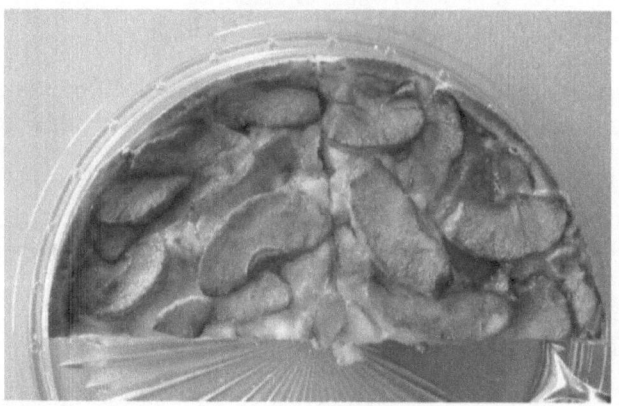

Ingredientes

- 2 tazas de cereal granola
- 3 tazas de manzanas, peladas y rebanadas
- ¼ taza de Miel
- 3 cucharadas de Mantequilla orgánica, derretida
- 1 cucharadita de Canela

Instrucciones

1. Engrasa ligeramente la olla con un espray antiadherente para cocinar.
2. Coloca una capa de rodajas de manzana al fondo de la olla. Rocía las manzanas con canela y granola.
3. En un tazón pequeño, mezcla la mantequilla y la miel. Remueve bien y asegúrate que esté bien mezclado.
4. Vierte la mezcla de miel y mantequilla sobre las manzanas y mezcla para cubrir bien.
5. Cubre la olla de cocción lenta con su tapa y ponla a fuego lento. Cocina durante aproximadamente 5-7 horas o hasta que las manzanas estén tiernas. Sirve con yogurt casero si lo deseas.

Porciones: 4

Información Nutricional: Calorías - 246; Carbohidratos - 44g; Grasas - 9g; Proteínas - 1g

Calabaza Glaseada con Sirope de Arce a Cocción Lenta

Ingredientes

- 1 x 3-lb. de Calabaza
- cucharada de sirope de arce
- ¼ cucharadita de Canela en polvo
- 1 cucharada de Mantequilla sin sal, a temperatura ambiente
- Una pizca de nuez moscada recién rallada
- Una pizca de pimienta de Jamaica molida
- ½ cucharadita de Sal kosher

Para servir:

- Fruta picada
- Yogur casero
- Granola

Instrucciones

1. Cubre la parte inferior de la olla con papel de aluminio, asegurándote de que sobresalga hacia los lados, ya que esto te servirá como mango después. Unta la mantequilla sobre la lámina.

2. Corta la calabaza en 8 trozos. Retira y descarta todas las semillas.

3. Mezcla la canela, el azúcar de arce, la pimienta de Jamaica, la nuez moscada y la sal en un tazón.

4   Cubre ligeramente cada trozo de calabaza con la mezcla de azúcar de arce, disponiéndolos con la piel hacia abajo en el fondo forrado de aluminio de la olla de cocción lenta. Asegúrate de hacer una sola capa de estos trozos de calabaza. Espolvorea el exceso de mezcla de azúcar de arce sobre los trozos de calabaza.

5   Tapa la olla y cocina a fuego lento durante aproximadamente 4-6 horas o hasta que la calabaza esté tierna pero no se deshaga.

6   Transfiere los trozos a un plato. Levanta las esquinas de la lámina y vierte los jugos sobre los trozos de calabaza.

7   Sirve con granola, frutas picadas y/o yogur casero. Si tienes sobras, guárdalas en un recipiente hermético y refrigera por hasta 4-5 días.

Porciones: 8

Datos Nutricionales: Calorías - 89; Carbohidratos - 19,9g; Grasas - 1,6g; Proteínas - 1,5g

Pastel de Zanahoria con Avena en Cocción Lenta Nocturna

Ingredientes

- 1 taza de avena cortada
- 1 taza de zanahorias ralladas
- ¾ taza de piña, troceada
- 4 tazas de Agua
- ½ taza de leche orgánica mitad leche, mitad crema
- ½ taza de pasas
- ⅓ taza de azúcar Muscovado
- 2 cucharaditas de extracto de vainilla
- 1 cucharadita de Canela en polvo

Para la guarnición:

- ½ taza de nueces
- ¼ taza de copos de coco, tostados

Instrucciones

1. Agrega la avena, la piña, las pasas, el azúcar muscovado, las zanahorias, leche mitad leche mitad crema, la canela y la vainilla en la olla. Cubre y ajusta la olla a baja temperatura. Cocina durante 8 horas o toda la noche.
2. Revuelve la avena y sirve en tazones. Cubre cada tazón con 1 cucharada de hojuelas de coco y 2 cucharadas de nueces.

Porciones: 4

Datos Nutricionales: Calorías - 267; Carbohidratos - 47g; Grasas - 10g; Proteínas - 7g

Avena con Melocotón en Cocción Lenta

Ingredientes

- 1 taza de avena seca tradicional
- 1 taza de melocotones enlatados en almíbar ligero, troceados
- ½ taza de nueces (o pecanas), picadas
- 2 tazas de leche orgánica
- 1 cucharada de Mantequilla orgánica
- 4-5 cucharadas de Miel
- ½ cucharadita de Canela
- ¼ cucharadita de Sal

Instrucciones

1. Rocía el recipiente de la olla de cocción lenta con un espray antiadherente.
2. En un tazón, agrega todos los ingredientes y revuelve ligeramente.
3. Vierte la mezcla en la olla. Tapa la olla y cocina a fuego lento durante aproximadamente 4 horas. Una vez realizado, las porciones deberán estar suaves.
4. Si lo deseas, vierte leche adicional sobre la avena. ¡Sirve y disfruta!

Porciones: 4

Datos Nutricionales: Calorías - 325; Carbohidratos - 50g; Grasas - 12g; Proteínas - 8,7g

Tortilla de Vegetales en Cocción Lenta

Ingredientes

- 1 taza de floretes de brócoli
- 6 Huevos
- 1 taza de pimientos rojos, rebanados muy finos
- ½ taza de Leche
- 1 cebolla amarilla pequeña, cortada muy fina
- 1 diente de ajo machacado
- ⅛ cucharadita de Ajo en polvo
- ⅛ cucharadita de Chili en polvo
- ¼ cucharadita de Sal
- Pimienta fresca molida

Para la guarnición:

- Queso cheddar orgánico, rallado
- Tomates troceados
- Cebollas troceadas
- Perejil fresco

Instrucciones

1. Cubre ligeramente la olla con espray antiadherente para cocinar y luego reserva.

2. Bate los huevos, la leche, el chile en polvo, el ajo en polvo, la sal y la pimienta negra en un tazón grande hasta que estén completamente incorporados.

3. Pon el brócoli, las cebollas, los pimientos y el ajo en la olla. Agrega la mezcla de huevo y revuelve bien.

4. Coloca la olla a fuego alto y cocina por 1 ½ a 2 horas o hasta que los huevos estén listos.

5. Espolvorea con queso cheddar y cubre con la tapa. Deja reposar durante aproximadamente 2-3 minutos o hasta que el queso se derrita, luego apaga la olla de cocción lenta.

6. Divide en 8 porciones. Sirve con cebolla, tomate y perejil como la opción de coberturas.

Porciones: 4

Datos Nutricionales: Calorías - 142; Carbohidratos - 8g; Grasas - 7g; Proteínas - 10g

Almuerzo

Tacos de Res con Salsa Verde

Ingredientes

- 1 cucharada de Aceite de oliva
- 3-lb. Lomo de carne de res deshuesada
- 1/2 cucharadita de Comino molido
- Sal kosher
- Pimienta recién molida
- 1 16 onzas tarro de salsa verde
- 1/2 cebolla blanca, en rodajas finas
- 2 dientes de ajo picados
- 1/2 taza de cilantro fresco, picado
- 12 tortillas de trigo integral, calentadas

Para la decoración:

- Lechuga picada y tomates troceados.
- Aguacate y/o rábanos
- Gajos de lima, para adornar

Instrucciones

1. Precalienta la sartén a fuego medio-alto y agrega aceite de oliva.

2. Sazona la carne con pimienta, sal y comino y agrégala a la sartén. Cocina hasta que estén doradas. Da la vuelta y cocina por otros 3 minutos. Haz esto al resto de la carne.

3. Transfiere el plato a la olla de cocción lenta, agregando cebolla, ajo y salsa. Asegúralo y cocina durante 6 horas a máxima temperatura.

4. Transfiere la carne a una fuente o sartén poco profunda y desmenúzala en pedazos con dos tenedores mientras desechas el exceso de grasa. Vuelve a poner la carne desmenuzada a la olla de cocción lenta, revolviendo el cilantro.

5. Sirve el plato en tortillas con los ingredientes deseados. Adorna con gajos de lima.

Porciones: 6

Datos Nutricionales: Calorías - 728; Carbohidratos - 44,35g; Grasas - 30,36 g; Proteínas - 69,67 g

Minestrone de Judías Blancas

Ingredientes

Para el minestrone:
- 1 libra de judías blancas secas
- 1 calabacín pequeño, troceado
- Tomates pera medianos, troceados
- 1 zanahoria grande, troceada
- 2 cebollas dulces medianas, troceadas
- ¼ taza de aceite de oliva extra virgen, dividido
- 2 cuartos de caldo vegetal o de pollo bajo en sodio
- 1 tallo de apio, cortado en cubitos

- 1 cucharadita de Semillas de hinojo, recién molidas
- 1 cucharadita de Pimienta negra, recién molida
- Sal kosher

Para la albahaca *pistou*:

- taza de hojas de albahaca fresca ligeramente empaquetadas
- ½ taza de queso Parmesano-Reggiano, rallado
- ½ taza de pistachos sin sal, sin cáscara y asados
- ½ taza de aceite de oliva
- Sal kosher
- Pimienta negra recién molida

Instrucciones

1. En un tazón grande, pon las judías y sumérgelas en agua. Asegúrate de que el agua cubre las judías por 3 pulgadas. Refrigéralo durante toda la noche.

2. Al día siguiente, calienta 2 cucharadas de aceite de oliva en una sartén y saltea las cebollas durante unos 5 minutos o hasta que estén suaves.

3. Escurre y enjuaga las judías y luego ponlas en la olla. Agrega las cebollas salteadas, el apio, las zanahorias y el caldo. Cubre la olla con su tapa y cocina a fuego lento durante aproximadamente 6-8 horas o hasta que estén tiernas.

4. Mientras tanto, prepara el *pistou* de albahaca llenando una cacerola grande con agua y llevándola a ebullición. Agrega agua en un tazón grande y pon algunos cubitos de hielo. Ponlo cerca.

5. Agrega una cucharada de sal al agua hirviendo. Blanquea la albahaca durante unos 20 segundos o hasta que comience a tener un color verde brillante.

6. Con una espumadera, retira la albahaca del agua hirviendo y dale un baño de hielo. Escurre la albahaca y envuélvela en un paño de cocina. Aprieta suavemente para eliminar el exceso de líquido.

7. Pon el Parmesano-Reggiano, la albahaca escaldada y los pistachos en

un procesador de alimentos. Comienza a procesar el contenido, agregando pequeñas cantidades de aceite de oliva hasta lograr una pasta. Sazona con sal y pimienta, si lo deseas. Transfiere a un tazón, cubre con una envoltura de plástico y refrigera.

8   Para finalizar el minestrone, agrega los tomates, la pimienta, el calabacín, el hinojo y una cucharada de sal a las judías. Mezcla bien. Cubre la olla nuevamente y cocina durante otra hora. Añade sal al gusto.

9   Sirve en tazones y decora cada uno con albahaca *pistou*. Rocía con aceite de oliva y sirve.

Porciones: 6

Datos Nutricionales: Calorías - 596; Carbohidratos - 43,2g; Grasas - 39,8g; Proteínas - 19,8g

Coliflor Boloñesa con Fideos de Calabacín

Ingredientes

Para la boloñesa:

- 1 coliflor grande cortada en floretes
- 2 x 14 onzas latas de tomates cortados en cubitos
- ¾ taza de cebolla roja picada
- ½ taza de caldo de verduras bajo en sodio
- 2 dientes de ajo picados
- 2 cucharaditas de Copos de orégano deshidratado
- 1 cucharadita de Copos de albahaca deshidratada
- ¼ cucharadita de Copos de pimiento rojo
- Sal
- Pimienta negra

Para la pasta:

- 5 calabacines grandes, pasados por la espiral con la cuchilla A.

Instrucciones

1. Pon todos los ingredientes de la boloñesa en la olla de cocción lenta. Cocina a fuego alto durante aproximadamente 3 horas y media.
2. Una vez hecho esto, tritura los floretes de coliflor con un tenedor o un triturador de patatas para obtener una consistencia "boloñesa".
3. Reparte los fideos de calabacín en cuencos y vierte la boloñesa sobre los fideos.

Porciones: 6

Datos Nutricionales: Calorías - 82; Carbohidratos - 16,71g; Grasas - 1g; Proteínas - 4,88g

Camarones Cítricos Chipotle en Tazas de Lechuga

Ingredientes

- 2 lb. De Camarones medianos, pelados y desvenados
- 4 naranjas
- 1 manojo de espárragos, recortados y divididos en tres partes
- 16 hojas de lechuga mantecosa
- 1 x 28 onzas lata de tomates cortados en cubitos
- 2 aguacates, pelados, sin hueso y cortados en cubitos
- 2 cucharadas de Chiles chipotles en adobo, picados
- 2 cucharadas de Aceite de coco
- ¼ taza de perejil fresco de hoja plana, picado
- 2 cucharadas de Pasta de tomate
- 1 cucharadita de Copos de pimiento rojo

Instrucciones

1. Obtén la cáscara de las naranjas y reserva.
2. Despega las pieles de color naranja restantes y deséchalas.
3. Trabajando sobre un tazón grande, sostén la fruta en tu mano no dominante y el cuchillo en la dominante. Corta a través de las membranas, lo que les permite caer en el tazón. Continúa haciendo este paso hasta que hayas terminado con las naranjas. Reservar.
4. Coloca los tomates, los espárragos, los camarones, los chipotles, la pasta de tomate, la ralladura de naranja, las hojuelas de pimiento rojo y el aceite de coco en la olla y mezcla bien
5. Vuelve a colocar la vasija en la unidad y cubre con la tapa. Cocina a fuego lento durante 1 hora y media. Asegúrate de que los camarones ya no estén translúcidos.
6. Una vez hecho esto, coloca la lechuga en un plato. Coloca la mezcla de camarones y verduras sobre la lechuga y adorna con naranja, aguacate y perejil. Sirve.

Porciones: 8

Datos Nutricionales: Calorías - 310; Carbohidratos - 24g; Grasas - 12g; Proteínas - 27g

Tofu Estilo Japonés a Cocción Lenta

Ingredientes

- 1 libra de tofu extra firme, escurrido y cortado en rodajas de ½ pulgada
- 1 manojo de hojas de espinacas frescas
- ¼ taza de pasta de miso blanca
- ¼ taza de Tamari
- 1 cucharada de Agave
- cucharada de Aceite de sésamo
- cucharada de Agua
- cucharada de Mantequilla de maní orgánica
- 1 cebolla verde, en rodajas finas
- 2 cucharadas de Semillas de sésamo, tostadas

Instrucciones

1. Mezcla el tamari, la mantequilla de maní, el miso, el aceite de sésamo, la miel y el agua en un tazón mediano.

2. Sumerge cada rodaja de tofu en la salsa para cubrirlos y colócalos en capas en el fondo de la olla mientras trabajas.

3. Vierte la salsa restante sobre el tofu. Cubre la olla con la tapa y cocina a fuego lento durante aproximadamente 4 horas o hasta que el tofu se caliente por completo.

4. Agrega las espinacas a la olla y cocina por unos 10 minutos más.

5. Cuidadosamente vierte algunas rodajas de tofu de la cocina en platos para servir. Decora cada porción con cebollas verdes y semillas de sésamo. ¡Sirve y disfruta!

Porciones: 4

Datos Nutricionales: Calorías - 281; Carbohidratos - 14,3g; Grasas - 18,7g; Proteínas - 19g

Cerdo Gochujang Coreano

Ingredientes

- lb. Paletilla o lomo de cerdo
- ⅓ taza de Gochujang
- ¼ taza de salsa de soja baja en sodio
- ¼ taza de Miel
- ½ taza de caldo de Pollo

Instrucciones

1. Coloca la paletilla de cerdo en el fondo de la olla de cocción lenta.

2. En un tazón, bate la miel, el gochujang, el caldo y la salsa de soja. Vierte sobre el cerdo. Cubre la olla con la tapa y cocina a fuego lento durante aproximadamente 8-10 horas.

3. Una vez hecho esto, transfiere la carne de cerdo a un tazón grande y los jugos a una sartén. Déjalo hervir durante unos 15-20 minutos o hasta que reduzca a aproximadamente 2 tazas.

4. Mientras tanto, desmenuza el cerdo con dos tenedores. Tira a través de la fibra para obtener largos mechones de carne en lugar de trozos cortos.

5. Una vez que la salsa esté lista, viértela sobre el cerdo desmenuzado y revuelve para cubrir.

Porciones: 12

Datos Nutricionales: Calorías- 491; Carbohidratos - 10.6g; Grasas - 34.2g; Proteínas - 33.2g

Ensalada de Frijoles Pintos, Tomate y Cebolla

Ingredientes

- 3 tazas de frijoles pintos secos, remojados durante la noche o durante al menos 6 horas
- 1 cebolla roja grande, en rodajas
- 2 tazas de tomates cherry, cortados por la mitad (o 3 tomates grandes, cortados en cubitos)
- 3 ramitas de perejil fresco
- 8 tazas de Agua
- 3 cucharadas de Aceite de oliva extra virgen
- 1 ¼ cucharadita de Sal
- ¼ cucharadita de Pimienta negra molida

Instrucciones

1. Escurre y desecha el agua donde remojaste los frijoles.
2. Agrega los frijoles, agua, sal y pimienta a la olla de cocción lenta. Cocina a fuego alto durante aproximadamente 6 horas.
3. Escurre y desecha el agua, luego transfiere los frijoles a un tazón para servir. Agrega los tomates y las cebollas y luego mézclalo todo.
4. Rocíalo con aceite de oliva. Espolvorea con perejil y sal antes de servir.

Porciones: 8

Datos Nutricionales: Calorías - 313; Carbohidratos - 49g; Grasas - 6g; Proteínas - 16g

Patata - Coliflor al Curry

Ingredientes

- 2 tazas de caldo de verduras bajo en sodio
- 2 -14 oz. latas de leche de coco
- 1/4 taza de pasta de curry rojo tailandés
- 1 cucharada de Melaza (granada o melaza regular)
- 1/2 cucharadita de Semillas de comino
- 2 tazas de espinacas frescas
- 1 libra de patatas baby, cortadas en mitades
- 2 cucharadas de Salsa de soja baja en sodio
- 1 rama de Canela
- 1 cabeza de coliflor grande, cortada en floretes
- Sal kosher y pimienta

Para servir

- Arroz al vapor, cilantro y limas
- Pan Naan Fresco
- Arilos de granada

Instrucciones

1. Coloca la leche de coco, la pasta de curry, la melaza, la salsa de soja y el caldo en la olla de cocción lenta.
2. Agrega los floretes de coliflor, patatas, comino y canela. Sazona con sal y pimienta al gusto. Asegura la tapa y cocina durante 3-4 horas a temperatura alta o, si prefieres cocinar a fuego lento, cocina durante 5-6 horas.
3. Agrega las espinacas al curry, revuelve y cocina por otros 5 minutos hasta que las hojas se marchiten.
4. Sirve en tazones cubiertos con arilos de granada, lima y cilantro. Sirve con pan naan fresco o arroz.

Porciones: 6

Datos nutricionales (por porción): Calorías - 358; Carbohidratos - 38 g; Grasas - 55g; Proteínas - 7g

Pilaf de Quinua con Arroz Salvaje

Ingredientes

En la olla:

- 1 ¼ taza de Quinua
- ¾ taza de Arroz salvaje
- 2 remolachas doradas, picadas
- ⅓ taza de chalote o cebolla roja picada
- 1 taza de arándanos frescos
- 2 ¼- 3 tazas de caldo
- 3 cucharadas de Jugo de naranja
- ½- 1 cucharadita de Mezcla de condimento de hierbas secas
- ½ cucharadita de Sal marina
- ½ cucharadita de Pimienta negra
- 1 taza de brócoli, troceado

Para servir:

- 1 taza de Feta desmenuzado
- ½ taza de albahaca fresca o perejil
- ½ taza de semillas de calabaza o girasol, tostadas
- Arándanos secos
- 1 cucharada de Aceite de oliva
- Sal
- Pimienta negra

Instrucciones

1. Pon todos los ingredientes (excepto el brócoli) en la olla de cocción lenta. Mezcla bien.

2. Cocina a fuego lento durante aproximadamente 5 horas (o a fuego alto durante 2 a 2 ½ horas). Verifica a la mitad del tiempo y mueve con una cuchara. Si el pilaf está demasiado seco, agrega ¼- ¾ taza de caldo; si hay demasiado líquido, retira unas cuantas cucharadas de líquido y cocina un poco más.

3. Una vez hecho, la quinua debe estar esponjosa y el arroz un poco al dente. Transfiere el contenido a un tazón grande para servir. Agrega los ingredientes "para servir" (excepto la albahaca fresca o el perejil), sazona con sal y pimienta y mezcla todo. Espolvorea con perejil fresco o albahaca y sirve.

Porciones: 8 (tamaño de la porción de ½ taza)

Datos Nutricionales: Calorías - 236; Carbohidratos - 32,3g; Grasas - 8,3g; Proteínas - 9,2g

Pollo Coreano en Cocción Lenta

Ingredientes

- 1 libra de muslos de pollo deshuesados y sin piel, picados
- 1 libra de pechuga de pollo deshuesada y sin piel, picada
- ⅓ taza de Salsa de soja baja en sodio
- ⅓ taza de miel
- Jalapeños, cortados en cubitos
- Dientes de ajo, enteros
- ½ cebolla roja, cortada en cubitos
- 1 cucharada de Jengibre fresco, pelado y rallado
- 2 cucharadas de Semillas de sésamo
- 2 cucharadas de Vinagre de arroz

Instrucciones

1. En un tazón pequeño, combina la miel, la salsa de soja, el vinagre de arroz, el jengibre, la cebolla, los jalapeños y las semillas de sésamo.

2. Coloca las pechugas y los muslos de pollo en la olla de cocción lenta y cubre con la mezcla de salsa de miel y soja.

3. Cubre la olla con la tapa y cocina a fuego lento durante aproximadamente 6-8 horas. Retira la tapa en los últimos 30 minutos de tiempo de cocción para permitir que la salsa se espese.

Porciones: 8

Datos Nutricionales: Calorías - 197; Carbohidratos - 13g; Grasas - 4g; Proteínas - 24g

Garbanzos Kung Pao en Olla de Cocción Lenta

Ingredientes

- ½ cebolla roja picada
- 1 pimiento morrón rojo, picado
- 2 x 15-oz. Latas de garbanzos, escurridos y enguajados
- ¼ taza de Tamari
- 2 cucharadas de Vinagre balsámico
- 2 cucharadas de Sirope de arce
- ½ cucharadita de Ajo en polvo
- ½ cucharadita de Jengibre molido
- 1 cucharadita de Hojuelas de pimienta roja
- 1 cucharadita de Aceite de sésamo tostado

- 3 cebollas verdes, picadas

Para servir:

- Semillas de sésamo (para la guarnición)
- Arroz de coliflor (o arroz integral)

Instrucciones

1. Coloca los garbanzos, la cebolla y el pimiento en la olla.
2. En un tazón pequeño, incorpora el jarabe de arce, el tamari, el jengibre, el aceite de sésamo, el vinagre, el ajo y las hojuelas de pimiento rojo. Vierte la mezcla sobre la mezcla de garbanzos y revuelve para combinar.
3. Cubre la olla con su tapa y cocina a fuego lento durante aproximadamente 6 horas (o a fuego alto durante 3 horas). Puedes agregar 2-4 cucharadas de agua para evitar que la salsa se cocine en exceso.
4. Una vez hecho, revuelve los garbanzos y la cuchara sobre un tazón de arroz de coliflor. Puedes decorar con cebolletas y semillas de sésamo al servir.

Porciones: 6

Datos Nutricionales: Calorías - 120; Carbohidratos - 19g; Grasas - 2g; Proteínas - 8g

Risotto de Cebada y Champiñones en Cocción

Lenta

Ingredientes

- 1 libra de champiñones Cremini, en rodajas
- 3 tazas de caldo vegetal bajo en sodio
- 1 ½ tazas de cebada perlada
- ¼ taza de perejil fresco de hoja plana, picado
- ⅔ taza de parmesano orgánico, rallado
- 2 cucharadas de Aceite de oliva extra virgen
- 8 oz. de Zanahorias, finamente picadas
- 1 cebolla grande, finamente picada
- 4 ramitas de tomillo fresco
- 1 cucharada de Vinagre de jerez
- Sal kosher

- Pimienta negra, recién molida

Instrucciones

1. Calienta el aceite de oliva en una cacerola a fuego medio-alto antes de agregar las cebollas más ⅛ cucharadita de sal y otra de pimienta. Saltea durante unos 5 minutos o hasta que se dore ligeramente, revolviendo ocasionalmente.

2. Agrega los champiñones y continúa cocinando durante aproximadamente 2 minutos o hasta que los champiñones se doren. Revuelve ocasionalmente para evitar que se queme.

3. Agrega el tomillo y la cebada. Continúa cocinando durante aproximadamente 2 minutos, revolviendo ocasionalmente hasta que la cebada esté dorada y luego apaga el fuego.

4. Transfiere los contenidos a la olla. Agrega las zanahorias, ¼ cucharadita. sal, caldo y 1 ½ tazas de agua, luego cubre la olla con su tapa.

5. Cocina a fuego alto durante aproximadamente 3 horas o hasta que el líquido se haya absorbido y las zanahorias y la cebada estén tiernas.

6. Retira el tomillo y deséchalo. Mezcla el parmesano, el vinagre de jerez, ½ cucharadita. sal y ¼ de cucharadita de pimienta. Si es necesario, agrega agua tibia para conseguir que el risotto tenga tu consistencia preferida.

7. Para servir, decora con perejil y/o sazona con más sal y pimienta.

Porciones: 4

Datos Nutricionales: Calorías - 435; Carbohidratos - 75g; Grasas - 10g; Proteínas - 14g

Molondrones con Tomate en Cocción Lenta

Ingredientes

- 1 libra de molondrones, rebanados en trozos de ¾ pulgada
- 1 tomate grande, troceado
- 1 cebolla troceada
- 1 x 8-oz. Lata de salsa de tomate sin azúcar
- Dientes de ajo, picados
- 1 taza de Agua
- 2 cucharaditas de Sal
- 1 cucharadita de Pimienta negra

Instrucciones

1. Pon todos los ingredientes en la olla de cocción lenta y cocina a fuego medio durante 4-6 horas o hasta que los molondrones estén suaves. Recuerda remover ocasionalmente.

Porciones: 4

Datos Nutricionales: Calorías - 74; Carbohidratos - 16,7g; Grasas - 0,5g; Proteínas - 3,74g

Verduras Asadas en Cocción Lenta

Ingredientes

- 3 calabacines pequeños, cortados en rodajas gruesas
- 2 pimientos, cortados en rodajas grandes
- 1 batata grande, pelada y en cubos
- 1 cucharadita de Aderezo italiano
- ½ taza de dientes de ajo, pelados
- 2 cucharadas de Aceite de oliva
- ½ cucharadita de Sal

Instrucciones

1. Cubre la olla con espray antiadherente e introduce todas las verduras, ajo, sal y aceite. Mezcla bien.
2. Cocina a fuego lento durante 6 horas (o 3 horas a fuego alto), revolviendo una vez cada hora. Abre la tapa y transfiere el líquido a un recipiente limpio (Nota: No lo deseches, puedes beberlo o usarlo para otros fines de cocción).

Porciones: 4

Datos Nutricionales: Calorías - 114; Carbohidratos - 18,4g; Grasas - 4g; Proteínas - 3,9g

Arroz Español en Cocción Lenta

Ingredientes

- 1 taza de arroz integral
- 1 x 4oz. lata de chiles verdes picados
- ½ taza de tomates, cortados en cubitos
- ½ Jalapeño, sin semillas y cortado en cubitos
- 1 taza de caldo de pollo
- 1 taza de salsa de tomate
- 1 cucharadita de Comino
- ½ cucharadita de Chile en polvo
- ½ cucharadita de Orégano seco
- ½ cucharadita de Sal
- ¼ cucharadita de Pimienta
- Cilantro fresco, para adornar
- Gajos de lima, para adornar

Instrucciones

1. Cubre la olla de cocción lenta con espray antiadherente.

2. Pon el arroz, el caldo, los tomates, el jalapeño, los chiles, la salsa de tomate, el orégano, el comino, el chile en polvo, la sal y la pimienta en la olla. Pon la olla a fuego alto. Cocina por 2 ½ horas a fuego alto o durante 5 horas a fuego lento.

3. Transfiere a tazones para servir. Decora con el cilantro y los gajos de lima.

Porciones: 4

Datos Nutricionales: Calorías - 210; Carbohidratos - 44.2g; Grasas - 1.8g; Proteínas - 5.4g

Pimientos Rellenos en Cocción Lenta

Ingredientes

- 4 pimientos morrones grandes, diferentes colores
- 1 x 15 onzas lata de frijoles negros, escurridos y enjuagados
- 1 lata de 14.5 oz de tomates asados cortados en cubitos
- 1 taza de mezcla de quesos orgánicos rallados
- 1 cucharadita de Ajo en polvo
- 1 cucharadita de Comino
- 1 cucharadita de Cebolla en polvo
- 3 cucharaditas de Chile en polvo

- ½ cucharadita de Chile chipotle en polvo
- ½ cucharadita de Cilantro seco
- 1 taza de Agua, dividida
- 1 taza de Arroz Premium Minute Rice

Instrucciones

1. Prepara los pimientos grandes lavando y cortando la parte superior. Retira también las nervaduras y las semillas.
2. En un tazón, incorpora el arroz, los tomates, los frijoles y media taza de agua. Rellena la mezcla con los pimientos hasta que estén totalmente llenos.
3. Agrega la media taza restante de agua a la olla de cocción lenta.
4. Coloca los pimientos (con el relleno hacia arriba) en la olla cuidadosamente. Cubre los pimientos con queso.
5. Cubre la olla con tapa y cocina a temperatura baja durante aproximadamente 4-6 horas (o 2-3 horas a temperatura alta) hasta que el arroz esté cocido y los pimientos estén tiernos.

Raciones: 4

Datos Nutricionales: Calorías- 345; Carbohidratos- 49g; Grasas - 4g; Proteínas - 17g

Chili de Lentejas y Cúrcuma en Cocción Lenta

Ingredientes

- 1 taza de leche de coco enlatada
- (15 oz) latas de frijoles, escurridos y enjuagados
- 1 cebolla amarilla pequeña, finamente picada
- 32 oz de caldo de verduras bajo en sodio
- tazas de lentejas marrones o verdes
- Lata de 6 onzas de pasta de tomate
- Cilantro picado
- Cebolla verde, picada
- 1 cucharadita de Comino molido
- 1 cucharadita de Chile en polvo
- 1 cucharadita de Cúrcuma
- 2 tazas de agua
- 1 ½ cucharadita de Sal Kosher
- Aguacate fresco en láminas (para cubrir)

Instrucciones

1. Agrega todos los ingredientes a la olla de cocción lenta y cocina a temperatura alta durante 4 horas o a temperatura baja durante 6 horas. Luego verifica si las lentejas están tiernas.

2. Cuando termines, agrega la leche de coco, mezcla bien. Si la consistencia de la mezcla es demasiado espesa, puedes agregar caldo o agua y dejar que hierva a fuego lento hasta lograr la consistencia deseada.

3. Sazona al gusto. Sirve.

Porciones: 6

Datos Nutricionales: Calorías - 418; Carbohidratos - 48.99 g; Grasas - 89.2 g; Proteínas - 41.37 g

Batata con Chile Chipotle

Ingredientes

- 1 libra de carne magra de pavo, molida
- 3 tazas de arroz de coliflor
- 4 tazas de batatas, peladas y troceadas
- 1 x 14 onzas lata de tomates troceados, escurridos
- 1 taza de cebolla blanca, troceada
- 2 tazas de Caldo
- 1 cucharadita de Ajo, machacado
- 2 chipotles con salsa de adobo, picados
- ½ taza de pimientos picados
- 1 cucharadita de Comino
- ½ cucharadita de Paprika
- ½ cucharadita de Chile en polvo
- ¼ cucharadita de Pimienta negra
- Sal marina

Para decorar (opcional):

- Cilantro, picado
- Jalapeño, picado

Instrucciones

1. Coloca las patatas en un recipiente apto para microondas y cocina al vapor con una cucharada de agua durante aproximadamente 1 ½ minutos.

2. Coloca una sartén a fuego medio y dora el pavo. Escurre la grasa y pon en la olla.

3. Agrega la papa, los tomates, la coliflor rizada, la cebolla y el caldo. Mezcla bien.

4. Pon el chipotle, los pimientos y los condimentos. Revuelve nuevamente, cubre y cocina durante aproximadamente 1-2 horas. Comienza a revisar después de una hora.

Porciones: 6 (porción de 1 ½ tazas)

Datos Nutricionales: Calorías - 221; Carbohidratos - 21.3g; Grasas - 7g; Proteínas - 19.3g

Plato de Vegetales, Colágeno y Chile

Ingredientes

- 1 paquete de caldo vegetal bajo en sodio
- 1 botella de tomate marinara (bajo en sodio)
- 1 lata de frijoles negros (cocidos)
- 1 lata de frijoles (cocidos)
- 2 tazas de zanahorias picadas
- ½ taza de cebolla amarilla picada
- 1 cucharadita de Comino
- 1 cucharadita de Cilantro
- Un manojo de cilantro fresco, picado
- 2 cucharadas Salsa de Soja Tamari baja en Sodio
- 1 cucharada de Chile en polvo
- 3 cucharadas de Polvo de colágeno

Instrucción:

1. Agrega todos los ingredientes en una olla de cocción lenta y cocina durante 8 horas a fuego lento.

Porciones: 4

Datos nutricionales (por porción): Calorías - 174; Carbohidratos - 20.22 Grasas - 2.78 Proteína - 5.43g

Cena

Plato de Verduras con Arroz al Curry Anti Inflamatorio

Ingredientes

- 1 taza de arroz Integral
- 1 taza de brócoli, en trocitos pequeños
- 2 tazas de Champiñones, en trocitos pequeños
- 1½ tazas de repollo verde, finamente picado
- 4 tazas de Caldo Vegetal
- 2 cucharadas de Vinagre de sidra de manzana
- 1 cucharadita de curry en polvo
- ½ cucharadita de Ajo en polvo
- ¼ cucharadita de Tomillo seco
- 1 cucharadita de Sal del Himalaya
- ½ cucharadita de Pimienta negra molida

Instrucciones

1. Pon todos los ingredientes en la olla, cubre con una tapa y cocina a fuego lento durante 3-4 horas o hasta que los líquidos se hayan absorbido. Agrega más agua o caldo si es necesario. Aplasta con un tenedor o cuchara antes de servir.

Porciones: 4

Datos Nutricionales: Calorías - 286; Carbohidratos - 54g; Grasas - 5g; Proteínas - 13g

Rollos de Lechuga Asiática

Ingredientes

Para el relleno:

- 2 libras de pechuga de pollo picada
- 12 hojas de lechuga mantecosa o iceberg
- 1 x 8 oz. de castañas de agua, escurridas y picadas
- 1 x 14.5 oz. lata de caldo de pollo bajo en sodio
- 1 taza de Zanahorias, ralladas
- 1 taza de Edamame
- 3 cebollas verdes
- 4 cucharaditas de Salsa de soja baja en sodio
- 1 cucharada de Mostaza picante estilo chino
- 2 cucharaditas de Salsa teriyaki baja en sodio
- 1 cucharadita de Vinagre de arroz
- 2 cucharadas de Salsa hoisin
- ½ cucharadita de Pimienta negra molida

Para la salsa para untar:

- 1 cucharada de Mantequilla de maní cremosa
- ¼ taza de salsa de Soja
- ¼ taza de vinagre de Arroz
- 1 cucharada de Agua
- ½ cucharadita de Salsa de chile dulce

Para los aderezos (opcional):

- Salsa de chile asiático
- Semillas de sésamo

Instrucciones

1. Corta las cebollas verdes, separando la parte blanca de la verde, luego corta la parte verde en tajadas.

2. Pon las pechugas de pollo, las castañas de agua, el edamame, las zanahorias, las partes blancas de las cebollas verdes, la mostaza, la salsa teriyaki, la salsa de soja, el vinagre y la pimienta en la olla. Vierte el caldo y cierra la olla.

3. Cocina a fuego alto durante aproximadamente 2 a 2 ½ horas (o 4-5 horas a fuego lento).

4. Cuela la mezcla para eliminar el exceso de humedad y desmenuzar el pollo. Agrega las rodajas de cebolla verde y la salsa hoisin.

5. Sirve con hojas de lechuga, salsa para mojar y aderezos.

Porciones: 6

Datos Nutricionales: Calorías -258; Carbohidratos - 13g; Gramos - 4g; Proteínas - 40g

Estofado de Frijoles Negros, Quinua y Batata

Ingredientes

- 11-oz lata de maíz
- tazas Batata troceada
- 2/3 taza Quinoa cruda
- 4-5 tazas Caldo
- 19 oz. lata de tomates troceados incluyendo el jugo
- 1 taza Cebolla roja troceada
- 19- oz. Lata de frijoles negros escurridos y enjuagados
- cucharada de Comino
- 1 cucharada de Chile en polvo
- 1 cucharadita de sal

Después de Cocinar

- cucharada de Jugo de lima
- Sazonar al gusto

Instrucciones

1. Agrega los ingredientes a una olla de cocción lenta grande y cocina durante aproximadamente 8 horas a fuego lento.

2. Agrega jugo de lima y ajusta la sazón al gusto, agregando más sal si es necesario.

Porciones: 6

Datos Nutricionales: Calorías - 294; Carbohidratos - 58g; Grasas - 4g; Proteínas - 11g

Guiso de Res con Frijoles Negros

Ingredientes

- 1 libra de estofado de carne de res
- 2 zanahorias troceadas
- 4 tazas de caldo de res bajo en sodio
- 1 cebolla mediana, picada gruesa
- 2 x 15 oz. latas de frijoles negros, escurridos
- 1 papa grande, en cubos
- 2 cucharadas de Chile en polvo
- 2 cucharaditas de Comino
- 2 hojas de Laurel
- 1 cucharada Aceite de oliva extra virgen
- 1 cucharadita de Sal marina o Kosher
- ½ cucharadita de Pimienta negra

Instrucciones

1. Coloca todos los ingredientes en la olla, cubre con una tapa y cocina a fuego lento durante 6-8 horas (o a fuego alto durante 3-4 horas).

Porciones: 6

Datos Nutricionales: Calorías - 388; Carbohidratos - 51g; Grasas - 6g; Proteínas - 34g

Coles de Bruselas con Arándanos, Nueces y Calabaza Mantequilla

Ingredientes

- 14-oz. tazas de Coles de Bruselas cortadas a la mitad
- 4 tazas de calabaza mantequilla, troceada
- 1 cebolla roja cortada en trozos grandes

Para la salsa de Canela y Arce

- 1/4 taza sirope de arce
- cucharada de vinagre de sidra de manzana
- 1 cucharadita de Canela molida McCormick
- 1/4 cucharadita de Nuez moscada molida
- 1/2 cucharadita de sal

Minutos antes de servir

- Una taza de arándanos agrios frescos
- Media taza de pecanas

Instrucciones

1. Agrega los cortes de la calabaza mantequilla, las coles de Bruselas y la cebolla roja en una olla grande de cocción lenta. Mezcla ligeramente para combinar y cocina a fuego alto durante 2 a 2 ½ horas. Verifica después de dos horas de cocción. Las coles de Bruselas deben estar suaves pero masticables, mientras que la calabaza mantequilla también debe estar tierna pero no blanda.

2. Justo antes de servir el plato, agrega los arándanos frescos y cocina por 5 minutos más.

3. En otra olla, agrega jarabe de arce, nuez moscada, canela, vinagre de manzana y sal. Cocina a fuego medio-bajo y deja hervir revolviendo con frecuencia. Cuando la salsa se espese, apaga el fuego y vierte la salsa sobre las verduras. Mezcla bien.

4. Espolvorea tu plato con nueces y sirve.

Notas:

- Cuando no sirvas de inmediato, retira las verduras de la olla de cocción lenta y reserva el líquido. Simplemente vierte el líquido al servir. Puedes cocinar la mitad de la cantidad de esta receta, pero cocina a fuego lento durante 2 1/2 - 3 horas.

Porciones: 8

Datos Nutricionales: Calorías - 129; Carbohidratos - 22g; Grasas - 5g; Proteínas - 2g

Pollo a la Cacciatore con Champiñones Cremini

Ingredientes

- 1 pollo entero, sin piel (cortado en 10 piezas)
- 1 cucharada de harina de trigo integral
- 8 onzas de champiñones Cremini, cortados en cuartos
- 28 oz. lata de tomates perita pelados enteros en su jugo (escurridos y picados)
- 1/4 taza de vino blanco seco
- 1 tallo de apio, en rodajas finas
- 1 cebolla pequeña, cortada a la mitad y en rodajas finas
- 1 ramita de romero fresco o 1/2 cucharadita de romero seco, desmenuzado
- Sal gruesa y pimienta molida

Instrucciones

1. Prepara una olla de cocción lenta de 5 cuartos y coloca todos los ingredientes en ella. Cubre y cocina durante cuatro horas a temperatura alta. Evita levantar la tapa mientras todavía se está cocinando para no afectar el tiempo de cocción.

2. Desecha la ramita de romero antes de servir con una taza de arroz integral saludable o pan integral.

Porciones: 4

Datos nutricionales (por porción): Calorías - 379; Carbohidratos - 92.36g; Grasas - 2.32 g; Proteínas - 8.16 g

Vegetales Korma Fáciles en Cocción Lenta

Ingredientes

- 1 coliflor grande, cortada en floretes
- Zanahorias grandes, picadas
- 1/2 taza de guisantes verdes congelados
- 1 taza de judías verdes picadas
- 1/2 Cebolla, picada
- 1 cucharadita de garam marsala
- 2 cucharadas de Curry en polvo
- 2 cucharadas de Hojuelas de pimienta roja
- 2 dientes de ajo, picados
- 3/4 lata de leche de coco
- 2 cucharadas de harina de almendras
- Sal

Instrucciones

1. Combina los floretes de coliflor, guisantes, zanahorias, judías verdes, ajo y cebolla en una olla grande de cocción lenta. Organiza en capas con guisantes y frijoles en la base de la olla.

2. Una vez que las verduras estén listas, en un tazón grande, mezcla la leche de coco con garam masala, curry en polvo, hojuelas de pimiento rojo y sal marina. Remueve hasta mezclar bien. Vierte la mezcla líquida sobre las verduras cocidas y espolvorea con harina de almendras.

3. Continúa cocinando a temperatura baja durante 8 horas a temperatura baja y 5 horas a temperatura alta hasta que la mezcla se espese.

4. Puedes servir el plato caliente o tibio. Ten en cuenta que este plato sabe mejor cuando se deja reposar por más tiempo. Puedes guardarlo en el refrigerador hasta por una semana y en el congelador hasta por dos meses.

Porciones: 4

Datos Nutricionales (por porción): Calorías - 202; Carbohidratos - 22,11g; Grasas - 12,21 g; Proteína - 6,82 g

Albóndigas de Res - Judías Verdes Libanesas

Ingredientes

Para las Albóndigas de Res:

- 1/2 cucharadita de comino
- 1/4 cucharadita de pimienta de cayena
- 1/8 cucharadita de pimienta negra
- 1/2 cucharadita de canela
- 1/4 taza de pan integral rallado
- 1 libra de carne molida
- 1/2 cucharadita de Pimienta de Jamaica
- 1/4 taza de perejil picado
- 1 cucharada de aceite de oliva
- 1 cucharadita de sal

Para las Judías Verdes Libanesas:

- Latas de 14.5 onzas de tomates
- Lata de 14.5 onzas de salsa de tomate
- 1 cucharadita de comino
- 1 cucharadita de canela
- 1/4 cucharadita de Pimienta de cayena
- Sal y pimienta al gusto

- 1 libra de Judías verdes
- 1/2 Cebolla dulce, picada
- 2 dientes de Ajo, picados

Instrucciones

1. Divide el comino, la pimienta de cayena, la canela, la pimienta y la sal en dos porciones y reserva.

2. Agrega los tomates cortados en cubitos con salsa de tomate, canela, comino, pimienta de cayena en la olla de cocción lenta y sazona con sal y pimienta. Además, agrega judías verdes, ajo y cebolla y mueve hasta que esté bien mezclado.

3. En un tazón, combina todos los ingredientes restantes. Usando tus manos, mezcla y frota la mezcla con la carne. Cuando esté completamente mezclado, forma albóndigas de aproximadamente una pulgada de diámetro y colócalas en el fondo de la olla de cocción lenta, sumerge completamente en salsa de tomate.

4. Cocina a temperatura alta durante 4 horas u 8 horas a temperatura baja.

5. Decora con perejil fresco y sirve con arroz o pan pita.

Porciones: 4

Datos Nutricionales (por porción): Calorías - 514,75; Carbohidratos - 38.67g; Grasa - 23.18 g; Proteínas - 35.28 g

Pimientos Griegos Rellenos

Ingredientes

- Lata de 15 onzas de judías cannellini, escurridas
- Pimientos morrones grandes
- 1 taza de queso feta desmenuzado
- Cebolletas en juliana (separa las partes blancas de las verdes)
- 1/2 taza de cuscús de trigo integral
- 1 diente de ajo, machacado
- Sal gruesa
- Pimienta recién molida
- 1 cucharadita de Orégano seco
- Rodajas de limón, para servir

Instrucciones

1. Haz un fino corte en la base de los pimientos para permitir que se queden de pie. Corta ligeramente la parte superior justo por debajo del tallo. Desecha el tallo y limpia el interior de cada pimiento, quitando las semillas.

2. Agrega todos los ingredientes en un tazón y mezcla bien. Agrega sal y pimienta para sazonar y pimientos rellenos. Coloca los pimientos rellenos dentro de la olla de cocción lenta en posición vertical. Asegura la tapa y cocina durante 4 horas a temperatura alta.

3. Cuando termines, colócalo en un plato grande y adorna con rodajas de limón.

Porciones: 4

Datos Nutricionales (por porción):

Cordero con Aceitunas y Patatas en Cocción Lenta

Ingredientes

- libras Filetes de cordero, cortados en forma transversal (1,5 pulgadas por pieza)
- 1 1/4 lbs. Patatas pequeñas, cortadas a la mitad
- cucharada de Harina de Almendra
- Chalotes grandes, cortados en trozos (aproximadamente media pulgada)
- cucharada de Extracto de limón
- Dientes de ajo picados
- 1 cucharada de Ralladura de limón
- 3/4 tazas de caldo de pollo bajo en sodio
- Ramitas de romero
- cucharada de Aceite de oliva extra virgen
- 1/2 taza de vino blanco seco
- 1 taza de aceitunas verdes, sin hueso y cortadas a la mitad

Instrucciones

1 Agrega ajo, chalotes, papas, romero y ralladura de limón en la olla de cocción lenta. Condimenta con sal y pimienta.

2 En un tazón pequeño, agrega una cucharada de harina de almendras y caldo. Mezcla y bate antes de agregar a la olla de cocción lenta.

3 Agrega las 3 cucharadas restantes de la harina de almendras en un plato.

4   Sazona la carne de cordero con sal y pimienta y rebózala con harina. Agita para quitar la harina que no se adhirió a la carne.

5   Precalienta una sartén grande y calienta el aceite a fuego medio-alto. Cocina la carne en lotes hasta que todos los lados estén dorados antes de transferir a la olla de cocción lenta.

6   Agrega vino al jugo de carne restante en la sartén y cocina, revolviendo para eliminar los trozos que se pegan al fondo. Continúa cocinando hasta que el volumen del líquido se reduzca a la mitad antes de agregarlo a la olla de cocción lenta.

7   Cubre la olla de cocción lenta y cocina durante 7 horas a temperatura baja o 3 ½ horas a temperatura alta. Después del tiempo asignado, agrega las aceitunas, revuelve y continúa cocinando por 20 minutos más.

8   Una vez hecho esto, transfiere el plato a una fuente. Sirve con salsa del líquido de cocción restante y agrega con jugo de limón.

Porciones: 4

Datos Nutricionales (por porción): Calorías - 313; Carbohidratos - 26,47g; Grasas - 23,18 g; Proteínas - 31,91g

Judías Verdes Libanesas - Res

Ingredientes

- 1 libra de estofado de carne (en cubos)
- 1 libra de judías verdes, cortadas en trozos de 2 pulgadas
- 32 oz. de tomates triturados
- 1 cucharada de Canela
- 1 Cebolla (mediana) picada
- ¼ taza de Perejil, picado
- ½ cucharadita de Pimienta
- ½ cucharadita de Sal marina
- Arroz cocido o pan pita para servir

Instrucciones

1. Coloca en la olla de cocción lenta la carne de res, los tomates, las cebollas y las judías verdes.
2. Agrega la canela, sazona con sal y pimienta y mezcla bien.
3. Ajusta la cocción durante 8 horas a temperatura baja y 4 horas a temperatura alta.
4. Sirve con arroz o pan pita.

Porciones: 4

Datos Nutricionales (por porción): Calorías - 271; Carbohidratos -26,7 g; Grasas - 4,8g; Proteínas - 30,9g

Pollo Marroquí con Calabaza

Ingredientes

- 8 oz. Calabaza mantequilla, pelada y cortada en trozos
- 1 cucharadita de comino molido
- 2 cucharadas de Pasta de tomate
- 1 nabo grande, pelado y picado
- 3 tazas de caldo de pollo bajo en sodio
- 1/3 taza de pasas
- 3-4 libras de Muslos de pollo
- 1 puerro
- 1/2 cucharadita de Cúrcuma
- 1 cucharadita de Cilantro molido
- Pimienta recién molida
- Sal Kosher
- Ralladura y extracto de zumo de limón
- Cilantro fresco (para adornar)

Instrucciones

1. Pon la calabaza, el nabo, las pasas y el puerro en la olla de cocción lenta. Sazona el pollo con sal y pimienta. Ponlo encima de las verduras.
2. En un tazón grande, combina el caldo de pollo, el comino, la pasta de tomate, la cúrcuma, la ralladura de limón y el jugo, el cilantro y una cucharadita de sal. Bate y vierte la mezcla sobre el pollo y las verduras. Asegura la tapa y cocina por 4 horas a temperatura alta.
3. Sirve rociado con el líquido restante en la olla y cubre con cilantro.

Porciones: 4

Datos Nutricionales (por porción): Calorías - 562; Carbohidratos - 15.91g; Grasas - 18.16 g; Proteínas – 81.41g

Pisto

Ingredientes

- 28 onzas de tomates cortados en cubitos, sin escurrir
- 1 berenjena cortada a media pulgada por pieza
- Calabacín cortado a media pulgada por pieza
- 2 calabazas amarillas cortadas a media pulgada por pieza
- 1 pimiento rojo, cortado en cubitos
- 1 cebolla, troceada
- 1 cucharada de ajo molido
- 1 1/2 cucharadita de sal marina
- 1 cucharada de Aderezo italiano
- 1/4 cucharadita de pimienta roja molida
- 1/4 cucharadita de pimienta negra molida fresca
- 1 cucharadita de pasta de tomate
- 1 cucharada de Perejil fresco, picado (alternativa: cebollino)

Instrucciones

1. Agrega los tomates, el calabacín, la berenjena, la calabaza, el pimiento rojo, el condimento italiano, la cebolla, el ajo, el pimiento rojo, la pimienta negra y la sal en una olla de cocción lenta y cocina durante 3 horas y media a fuego alto o durante 6-8 horas a fuego lento.
2. Agrega perejil y pasta de tomate y continúa cocinando sin tapar por unos 30 minutos más.
3. Sirve en un plato rociado con aceite de oliva junto con perejil o cebollín si lo deseas.

Porciones: 6

Datos Nutricionales (por porción): Calorías - 86; Carbohidratos - 18.64g; Grasas - 0.86 g; Proteínas - 4.11g

Puré de Romero - Zanahoria - Chirivía

Ingredientes

- Zanahorias grandes
- 1 cucharada de Aceite de oliva
- 1 taza de leche de Almendras
- 1/2 cucharadita de Ajo picado
- cucharada de aceite de coco
- Ramitas de romero fresco
- 1/4 taza de crema de coco
- Chirivías grandes
- 1/4 cucharadita de Sal marina
- Pimienta negra
- Ramitas de parmesano o romero para decorar

Instrucciones

1. Limpia y pela todas las verduras si lo deseas, mas no es necesario.

2. Cuece al vapor las zanahorias y las chirivías en una vaporera o en el microondas durante unos 90 segundos.

3. Corta en trozos más pequeños y coloca en la olla de cocción lenta junto con la leche de almendras, ¼ de ajo, aceite de coco, ramitas de romero y sal. Tapa y cocina a fuego alto.

4. Después de una hora, desnata la leche en los lados que se ha vuelto de color marrón y machaca junto con las verduras. Continúa cocinando durante 90 minutos más y dora a los lados. Después de 2 ½ horas de cocción a fuego alto, ajusta el fuego a bajo mientras retiras las ramitas, dejando las hojas que cayeron.

5. Agrega aceite de coco, ¼ cucharadita de ajo (pimienta negra restante y sal marina). Tritura todos los ingredientes, dejando una textura gruesa.

6. Sirve con romero extra y parmesano para decorar.

Porciones: 4

Datos Nutricionales (por porción): Calorías - 256; Carbohidratos - 33g; Grasas - 14g; Proteínas 3g

Berenjena Parmesana en Cocción Lenta

Ingredientes

- 2 berenjenas grandes (aproximadamente 2 lb.), peladas y cortadas en rodajas de ⅓ de pulgada
- 3 huevos grandes, ligeramente batidos
- 2 tazas de mozzarella, rallada
- 1 ¼ tazas de salsa marinara
- 1 ½ tazas de pan rallado sazonado
- ¼ taza de albahaca fresca picada
- Sal

Instrucciones

1. Sazona la berenjena en ambos lados con sal, colocándolas en papel toalla. Déjalo reposar durante 20 minutos antes de enjuagar. Sécala dando golpecitos.
2. Cubre el recipiente de la olla de cocción lenta con espray antiadherente. Extiende un cuarto de taza de salsa marinara en el fondo.
3. Prepara las rodajas de berenjena sumergiendo cada una en huevo y cubriéndolas con pan rallado. Forma una capa sobre la salsa, cubriéndola con un cuarto de taza de marinara y media taza de mozzarella rallada. Continúa colocando capas de salsa, berenjenas y queso (formando aproximadamente 4 capas). Termina con queso por encima, llenando la olla al menos por dos tercios.
4. Cubre la olla con su tapa y cocina a fuego lento durante 4-6 horas o hasta que la berenjena esté suave y la mozzarella se haya derretido.
5. Transfiere a los platos y espolvorea con albahaca antes de servir.

Porciones: 6

Datos Nutricionales: Calorías - 345; Carbohidratos - 36g; Grasas - 14g; Proteínas - 20g

Enchilada Horneada de Quinua en Cocción Lenta

Ingredientes

- Lata de 14.5 oz de tomates con chiles verdes, sin escurrir
- Lata de 14.5 oz de frijoles pintos, escurridos y enjuagados
- Lata de 14.5 oz de frijoles negros, escurridos y enjuagados
- 1 x 8 onzas lata de salsa de tomate
- 2 ¼ tazas de caldo vegetal
- 1 ½ tazas de maíz congelado
- 1 ½ tazas de cheddar orgánico
- 1 ¼ tazas de cebolla amarilla, picada
- 1 ¼ tazas de pimiento morrón rojo, picado
- 1 ½ tazas de quinua seca
- 2 cucharadas de Chile en polvo
- 1 ½ cucharadita de Comino molido
- 3 dientes de ajo, picados
- 1 cucharada de Aceite de canola
- Sal
- Pimienta negra, recién molida

Para servir:

- Tomates pera picados
- Aguacates, picados
- Cilantro, picado
- Gajos de lima
- Cebollas verdes picadas

Instrucciones

1. Coloca la sartén a fuego medio-alto y agrega aceite de canola. Saltea los pimientos y las cebollas durante 3 minutos antes de agregar el ajo. Continúa cocinando por unos 30 segundos más. Transfiere la mezcla a la olla.

2. Agrega los tomates, la salsa de tomate, la quinua, el comino y el chile en polvo. Agrega el caldo y luego sazona con sal y pimienta.

3. Cubre la olla con su tapa y coloca a temperatura alta durante 2 horas y 45 minutos a 3 horas y 15 minutos. Vigílalo para asegurarte de que no esté ni muy seco ni empapado.

4. Agrega los frijoles pintos, frijoles negros y maíz. Mezcla bien. Incluso la parte superior antes de espolvorearlo con queso. Tapa la olla y continúa cocinando durante 10-15 minutos más o hasta que el queso se derrita.

5. ¡Decora con los ingredientes que elijas y disfruta!

Porciones: 6

Datos Nutricionales: Calorías - 519; Carbohidratos - 74g; Grasas - 16g; Proteínas - 24g

Cordero con Aceitunas y Patatas en Cocción Lenta

Ingredientes

- 2.5 lbs. De Filetes de cordero, cortados en forma transversal (1,5 pulgadas por pieza)
- 1 1/4 lbs. Patatas pequeñas, cortadas a la mitad
- cucharada de Harina de Almendras
- Chalotas grandes, cortadas en trozos (aproximadamente media pulgada)
- cucharada de Extracto de limón
- Dientes de ajo picados
- 1 cucharada de Ralladura de limón rallada
- 3/4 taza de caldo de pollo bajo en sodio
- Ramitas de romero
- cucharada de Aceite de oliva extra virgen
- 1/2 taza de vino blanco seco
- 1 taza de aceitunas verdes, sin hueso y cortadas a la mitad

Instrucciones

1. Agrega ajo, chalotes, papas, romero y ralladura de limón en la olla de cocción lenta. Condimenta con sal y pimienta.
2. En un tazón pequeño, agrega una cucharada de harina de almendras y caldo. Mezcla y bate antes de agregar a la olla de cocción lenta.
3. Agrega las 3 cucharadas restantes de la harina de almendras en un plato.

4. Sazona la carne de cordero con sal y pimienta y rebózala con harina. Agita para quitar la harina que no se adhirió a la carne.

5. Precalienta una sartén grande y calienta el aceite a fuego medio-alto. Cocina la carne en lotes hasta que todos los lados estén dorados antes de transferir a la olla de cocción lenta.

6. Agrega vino al jugo de carne restante en la sartén y cocina, revolviendo para eliminar los trozos que se pegan al fondo. Continúa cocinando hasta que el volumen del líquido se reduzca a la mitad antes de agregarlo a la olla de cocción lenta.

7. Cubre la olla de cocción lenta y cocina durante 7 horas a temperatura baja o 3 ½ horas a temperatura alta. Después del tiempo asignado, agrega las aceitunas, revuelve y continúa cocinando por 20 minutos más.

8. Una vez hecho esto, transfiere el plato a una fuente. Sirve con la salsa restante de la cocción y agrega jugo de limón.

Porciones: 4

Datos Nutricionales (por porción): Calorías - 521; Carbohidratos - 26.49g; Grasas - 15.82; Proteínas - 69.32g

Espárragos al Limón en Cocción Lenta

Ingredientes

- 2 lbs. de Espárragos

Para la salsa:

- ½ taza de caldo de pollo bajo en sodio
- 1 limón en rodajas
- 2 dientes de ajo, picados
- 1 cucharadita de Albahaca
- 1 cucharadita de Sal de ajo
- 4-6 cucharadas de Jugo de limón
- ¼ cucharadita de Copos de pimiento rojo
- ½ cucharadita de Sal
- ½ cucharadita de Pimienta negra

Instrucciones

1. Coloca los espárragos en la parte inferior de la olla.
2. Mezcla todos los ingredientes de la salsa en un tazón pequeño. Vierte la mezcla sobre los espárragos. Pon rodajas de limón encima y tapa la olla.
3. Cocina durante aproximadamente 2-4 horas a temperatura baja (o 1-2 horas a temperatura alta).

Porciones: 8

Datos Nutricionales: Calorías - 31; Carbohidratos - 6.27g; Grasas - 0.28g; Proteínas - 3g

Berenjenas a la Mediterránea en Cocción Lenta

Ingredientes

- 1 libra de berenjenas, peladas y cortadas en cubitos de 1 pulgada
- 4 onzas de queso feta orgánico, desmenuzado
- 1 pimiento rojo grande, sin semillas y picado
- 1 calabacín grande, picado
- 4 tomates de pera, troceados
- 1 cebolla grande, pelada y troceada
- 4 dientes de ajo, pelados y machacados
- 1 cucharada de Aceite de oliva
- 2 cucharaditas de Albahaca deshidratada
- Sal
- Pimienta negra
- 4 unidades de pan pita integral (opcional)

Instrucciones

1. Vierte el aceite de oliva a la olla.
2. Agrega la berenjena, el calabacín, el tomate, el pimiento, la cebolla, la albahaca y el ajo. Condimenta con sal y pimienta. Mezcla bien para que el aceite cubra los ingredientes.
3. Tapa la olla y cocina a temperatura alta durante aproximadamente 3 horas (o durante aproximadamente 5 horas a temperatura baja).
4. Una vez hecho, agrega el queso feta. Sirve con pan pita si lo deseas.

Porciones: 4

Datos Nutricionales (sin el pan): Calorías - 341; Carbohidratos - 50g; Grasas - 11g; Proteínas - 13g

Champiñones Boloñesa en Cocción Lenta

Ingredientes

- 4 dientes de ajo machacados
- 2 cucharadas de Aceite de oliva
- 1 cebolla, troceada muy fina
- 2 cucharadas de Pasta de tomate
- 1 tallo de apio
- 1 zanahoria, troceada bien fina
- ½ cucharadita de Romero Deshidratado
- 1/8 cucharadita de Nuez moscada en polvo
- 1 cucharada de Vinagre balsámico
- 1/8 cucharadita de Pimiento rojo (triturado)
- ½ cucharadita de Azúcar
- ¼ taza de vino tinto seco
- 28-oz lata de tomates triturados
- 1 paquete de 14-16 onzas de champiñones blancos

Instrucciones

1. Agrega champiñones blancos al procesador de alimentos y mezcla ligeramente para cortarlos en trozos gruesos pero sin hacer puré. Reserva a un lado para su uso posterior.

2. Precalienta una sartén grande a fuego medio-alto antes de agregar aceite de oliva. Saltea el ajo y las cebollas seguido de las zanahorias y el apio. Agrega el condimento - sal y pimienta al gusto. Cocina

durante unos 3 minutos.

3. Agrega la pasta de tomate, la pimienta triturada, la nuez moscada y el romero y continúa cocinando durante 2 minutos. Esto permitirá que las verduras se ablanden y adquieran un color marrón. Desglasa con vinagre balsámico y vino. Revuelve con una cuchara de madera para separar los trozos quemados que se pegan al fondo de la sartén. Transfiere el contenido a la olla de cocción lenta, agregando los tomates y el azúcar. Además, agrega los champiñones, remueve y cubre con la tapa. Cocina a fuego alto durante 4 a 6 horas. Si deseas un mayor tiempo de cocción, ajústalo a temperatura baja y cocina durante 8-10 horas.

Porciones: 4

Datos Nutricionales (por porción): Calorías - 129; Carbohidratos - 14.3 Grasas - 7.46g; Proteínas - 3.14g

Pisto en Cocción Lenta

Ingredientes

- 1 berenjena grande, picada
- 4 calabacines
- 1 taza de albahaca fresca picada
- 1 pimiento de color naranja picado
- 1 taza de tomates cherry picados
- 1 cebolla grande picada
- 6 dientes de ajo, picados
- 2 cucharadas de Pasta de tomate
- 1 cucharadita de Orégano seco
- 2 cucharadas de Aceite de coco
- ½ -1 cucharadita de Sal marina
- 1 cucharadita de Pimienta molida
- ¼ cucharadita de Pimiento rojo triturado

Instrucciones

1. Excepto la albahaca, pon todos los ingredientes en la olla de cocción lenta. Cubre con la tapa y cocina a temperatura baja durante aproximadamente 5-6 horas (o 3-4 horas a temperatura alta). Una vez hecho, las verduras deben estar suaves pero no blandas. Si el pisto es acuoso, simplemente retira la tapa y ajusta a temperatura alta en la última hora.
2. Antes de servir, mezcla la albahaca. Sirve este plato junto con quinua o arroz integral.

Porciones: 8

Datos Nutricionales: Calorías - 127; Carbohidratos - 23g; Grasas - 5g; Proteínas - 5g

Chile con Pavo en Cocción Lenta

Ingredientes

- ¾ lb. de Carne de pavo molida
- 28-oz. lata
- 3 dientes de ajo
- 2 cucharadas de Aceite de oliva
- 1 cucharada de Comino molido
- 3 cucharadas de chile en polvo
- ½ cucharadita de Pimienta de cayena
- 3 cucharadas de Pasta de tomate
- 1 cebolla, troceada
- 1 cucharadas de Orégano seco
- Sal Kosher
- 28 oz. Tomates en lata asados al fuego (cortados en cubitos)
- 2 2/3 tazas de caldo de pollo bajo en sodio
- ¼ taza de cacao en polvo sin azúcar
- 1 cucharada de Orégano seco
- 2 cucharadas de Vinagre de vino tinto
- 2 x 15 oz. Frijoles pintos enlatados (colados y enjuagados)
- 2 tazas de chips de tortilla de maíz trituradas
- 1 tortilla entera para servir

Instrucciones

1. Calienta una sartén antiadherente a fuego medio-alto y luego vierte el aceite de oliva. Agrega la pasta de tomate junto con el chile en polvo, la cayena y el comino. Revuelve hasta que la mezcla casi se seque y el aceite se vuelva de color rojo ladrillo.

2. Agrega la carne de pavo molida sazonada con sal. Continúa cocinando hasta que los ingredientes estén bien mezclados antes de transferir la mezcla a la olla de cocción lenta.

3. Agrega tomates, cacao en polvo, orégano, vinagre, caldo de pollo y 1 cucharadita de sal a la sartén y cocina a fuego medio-alto durante 2 minutos. Lleva a fuego lento.

4. Agrega la mezcla de tomate, las tortillas trituradas, las cebollas, los frijoles y el ajo y revuelva bien. Asegura la tapa y continúa cocinando durante 6-8 horas a temperatura baja.

5. Si quieres diluir la mezcla de chile, puedes agregar caldo de pollo. Sirve con cebolletas y tortillas con queso cheddar orgánico.

Curry de Verduras con Tofu en Cocción Lenta

Ingredientes

- 1 x .16 oz de tofu extra firme, escurrido y prensado
- 1 berenjena pequeña troceada
- 1 ½ tazas de pimiento, en rodajas
- ¾ taza de guisantes
- 1 cebolla mediana troceada
- 1 x lata de 14.5 oz de leche de coco descremada
- 1 taza de caldo vegetal
- ¼ taza de pasta de curry verde (o roja) tailandesa
- 1 cucharada de Jengibre picado
- 1 cucharada de Coco azucarado
- ½ cucharadita de Cúrcuma
- 1 cucharadita de Sal
- Arroz integral o quinua, para servir (opcional)

Instrucciones

1. Pon el caldo de verduras, la leche de coco, el azúcar de coco, la pasta de curry, la cúrcuma, el jengibre y la sal en la olla de cocción lenta. Bate hasta que quede bien mezclado.
2. Agrega la berenjena, los pimientos, las cebollas y los guisantes. Mezcla bien y tapa la olla. Cocina a fuego alto durante aproximadamente 3-4 horas.
3. Mientras se cocina el curry, corta el tofu en trozos pequeños. Coloca una sartén grande a fuego medio. Vierte aceite de oliva y cocina el tofu hasta que esté dorado. Reservar.
4. En los últimos 30 minutos, añade el tofu a la olla de cocción lenta.

Una vez hecho esto, sirve con arroz integral o quinua si lo deseas.

Porción: 4

Información Nutricional (sin el arroz o la quinua): Calorías - 425; Carbohidratos - 27g; Grasas - 32.33g; Proteínas 16.53g

Ensalada Tailandesa de Pollo con Maní

Ingredientes

Para la ensalada:

- 4 x 6-oz. de Pechugas de pollo
- 1 taza de maní, picado
- 1 taza de repollo morado, rallado
- 1 taza de pimiento rojo, picado muy fino
- 1 taza de zanahorias ralladas
- ¼ taza de cebollas verdes picadas
- ½ taza de cilantro, troceado

Para la salsa:

- 1 taza de yogur griego descremado
- ½ taza de mantequilla de maní, suave
- ¼ taza de jugo de lima
- 1 cucharada de Salsa de soja
- 2 cucharadita de Jengibre fresco molido
- Sal

Instrucciones

1. Coloca la pechuga de pollo en la olla de cocción lenta, tapa la olla y cocina a fuego alto durante aproximadamente 1 hora y media.
2. Mientras tanto, mezcla todos los ingredientes de la ensalada en un tazón grande, mezcla y reserva.

3. Mezcla todos los ingredientes para la salsa en un tazón pequeño y revuelve bien para mezclar. Reserva.

4. Una vez que las pechugas de pollo estén listas, desmenúzalas con dos tenedores. Coloca en un recipiente y deja enfriar. Mezcla con los ingredientes de la ensalada una vez fríos.

5. Vierte la salsa sobre la ensalada y mezcla bien. Sirve con una tostada, sobre verduras o en hojas de lechuga.

Porciones: 6-8

Datos Nutricionales: Calorías - 256; Carbohidratos - 11g; Grasas - 13g; Proteínas - 25g

Tofu Vegano Tikka Masala

Ingredientes

- 1 paquete de 16 oz de tofu extra firme, escurrido y en cubos
- Dientes de ajo, picados
- 1 cebolla blanca, troceada
- 1 pimiento rojo, troceado
- Zanahorias medianas, en rodajas
- 1 1/2 tazas de patatas, en cubitos
- Tazas de floretes de coliflor
- 1 15-oz. lata de salsa de tomate
- 1 15-oz. lata de leche de coco
- ½ cucharada de Sirope de arce puro
- 1 cucharada de garam masala
- ½ cucharada de Jengibre fresco rallado
- 1 cucharadita de cilantro
- ½ cucharadita de cúrcuma molida
- ¼ cucharadita de paprika
- Pimienta negra recién molida
- ¾ taza de guisantes congelados
- ¼ cucharadita de pimienta de cayena
- 1 ½ cucharadita de comino
- ½ cucharadita de sal
- Cilantro fresco picado, para adornar

Instrucciones

1. Mezcla ajo, garam masala, pimienta de cayena, jengibre fresco, pimentón, cebolla picada, floretes de coliflor, papas picadas, zanahorias en rodajas, leche de coco, salsa de tomate, jarabe de arce, jengibre fresco, comino, cilantro, cúrcuma, pimienta de cayena, sal y pimienta negra.

2. Mezcla bien todos los ingredientes.

3. Agrega los cubitos de tofu y revuelve ligeramente antes de finalmente cocinar a fuego lento durante 6-7 horas o durante 3-4 horas a fuego alto.

4. Antes de servir, agrega los guisantes y cocina sin tapar por 5-10 minutos. Adorna con cilantro.

Porciones: 4-6

Datos Nutricionales (por porción): Calorías - 303; Carbohidratos - 35,7 g; Grasas - 11,5g; Proteínas - 14,8g

Refrigerios

Boniatos Asados en Olla de Cocción Lenta

Ingredientes

- 3 boniatos grandes, cepillados
- 2 cucharaditas de Aceite de oliva

Instrucciones

1. Frota las patatas con aceite y envuélvelas con papel de aluminio. Colócalas en la olla y tápala. Cocina a fuego lento durante aproximadamente 5-7 horas hasta que estén tiernas.

2. Sácalas de la olla de cocción lenta, retira el papel de aluminio y corta las patatas por la mitad a lo largo.

Porciones: 6

Datos Nutricionales (Por medio boniato): Calorías - 142; Carbohidratos - 32g; Grasas - 0g; Proteínas - 4g

Brie de Cereza y Pistacho

Ingredientes

- ½ taza de cerezas secas, cortadas
- ½ taza de pistachos, tostados y picados en trozos grandes
- ¼ taza de cerezas en conserva
- 2 x 8 onzas ruedas de queso Brie orgánico
- 1 cucharada de Coñac (o brandy)
- Rodajas de pera, para servir

Instrucciones

1. En un tazón, mezcla las cerezas, las cerezas en conserva, el coñac (o brandy).
2. Coloca una rueda de Brie en el fondo de la olla, pon la mitad de la mezcla de cerezas en la parte superior del Brie. Agrega el segundo Brie encima de la mezcla de cerezas y vuelve a colocar la capa con la mitad restante de la mezcla de cerezas.
3. Tapa la olla y cocina a fuego alto durante aproximadamente 1 a 1 ¼ horas (o durante 3 horas a fuego lento) o hasta que el queso se haya ablandado pero aún no se haya derretido.
4. Transfiere a un plato de servir y espolvorea con pistachos. Sirve con rodajas de pera a un lado.

Porciones: 20

Datos Nutricionales: Calorías - 166; Carbohidratos - 20g; Grasas - 8g; Proteínas - 6g

Pecanas con Canela Fáciles en Cocción Lenta

Ingredientes

- 3 tazas de pecanas crudas, rebanadas
- 1 cucharada de Canela
- ¼ taza de jarabe de arce puro
- 1 ½ cucharadita de Extracto puro de vainilla
- ¾ cucharadita de Sal
- 1 ½ cucharada de Aceite de coco, opcional

Instrucciones

1. Engrasa ligeramente la olla con espray antiadherente para cocinar.
2. Pon todos los ingredientes excepto las pecanas y mezcla. Agrega las pecanas, tapa la olla y pon a fuego lento durante aproximadamente 2 horas.
3. Después de 2 horas, revuelve las pecanas y cocina nuevamente durante otra hora a temperatura baja.
4. Una vez hecho esto, transfiere las pecanas a una bandeja para cocinar y rompe los grumos. Reserva para enfriar. ¡Disfruta!

Porciones: 14 (raciones de 30g)

Datos Nutricionales (por 30g): Calorías - 181; Carbohidratos - 7g; Grasas - 17,2g; Proteínas - 2.6g

Salsa de Frutas

Ingredientes

- 3 cucharadas de Maicena
- 4 cucharaditas de Vinagre blanco
- 1 x 11 oz. Lata de mandarinas sin escurrir
- 1 x 8.5-oz. Melocotones en rodajas, sin escurrir
- ¾ taza de trozos de piña
- 1 cebolla mediana troceada
- ½ pimiento verde mediano, picado
- ½ pimiento rojo dulce mediano, picado
- ½ pimiento amarillo mediano, picado
- 3 dientes de ajo, picados
- 1 onza tortillas de trigo integral

Instrucciones

1. Pon el vinagre y la maicena en la olla y revuelve hasta que quede suave. Agrega el ajo, la cebolla, el pimiento y las frutas.
2. Tapa la olla y cocina a fuego alto durante aproximadamente 2-3 horas o hasta lograr una consistencia rica y espesa. Recuerda agitar de vez en cuando. Sirve con
3. Cubre y cocina a fuego alto durante 2-3 horas o hasta que espese y caliente, revolviendo ocasionalmente. Sirve con *chips* de tortilla de trigo integral.

Porciones: 6

Datos Nutricionales (¼ taza con tortillas): Calorías - 102; Carbohidratos - 24g; Grasas - 0.58g; Proteínas - 1,66g

Barritas Energéticas de Quinua

Ingredientes

- ⅓ taza de quinua, sin cocinar
- ½ taza de pasas
- ⅓ taza de manzanas deshidratadas, picadas
- ⅓ taza de almendras tostadas, picadas
- 2 cucharadas de Mantequilla de almendras
- 2 cucharadas Sirope de arce puro
- 1 taza de leche de almendras con vainilla sin azúcar
- 2 huevos grandes
- ½ cucharadita de Canela
- 2 cucharadas de Semillas de chía
- Pizca de sal

Instrucciones

1. Rocía la olla con espray antiadherente y cubre el fondo con papel pergamino.
2. Coloca el jarabe de arce y la mantequilla de almendras en un recipiente apto para microondas y cocina en el microondas durante aproximadamente 30 segundos o hasta que la mantequilla esté cremosa. Retira del microondas y bate.
3. Agrega la canela, la sal y la leche de almendras hasta que todo esté bien mezclado. Bate los huevos y agrega a los ingredientes restantes. Mezcla bien.
4. Vierte la mezcla en la olla y cocina a fuego lento durante aproximadamente 3 ½ a 4 horas o hasta que la parte superior de la mezcla de quinua ya esté firme.
5. Pasa un cuchillo por los lados y retira el recipiente de la olla. Refrigera hasta que esté bien frío. ¡Corta en barritas y disfruta!

Porciones: 8

Datos Nutricionales (porción de 71g): Calorías - 174; Carbohidratos - 20,1g; Grasas - 8,4g; Proteínas - 6,1g

Barritas de Avena Horneadas en Cocción Lenta

Ingredientes

- 2 tazas de copos de avena
- 1 taza de banana, machacada
- 2 huevos
- 1 ½ taza de Leche al 1% de grasa
- ½ cucharadita de Extracto de vainilla
- 1 cucharadita de Estevia líquida sabor vainilla
- ½ taza de linaza molida
- 2 cucharaditas de Canela en polvo
- 1 cucharadita de Levadura para hornear
- ½ cucharadita de Sal

Para los aderezos (opcional):

- Arándanos frescos
- Cerezas secas
- Coco rallado sin azúcar

Instrucciones

1. Con una batidora eléctrica, mezcla los huevos, las bananas, el extracto de vainilla, la estevia líquida de vainilla y la leche.
2. En un tazón por separado, mezcla los ingredientes restantes, excepto los aderezos.

3. Agrega los ingredientes secos a los húmedos y remueve hasta que estén bien mezclados.
4. Forra con un papel pergamino, extendiendo a los lados de tu olla de cocción lenta.
5. Vierta la mezcla y extiende de manera uniforme. Asegúrate de que la parte superior esté nivelada.
6. Si estás utilizando los aderezos, espolvorea en secciones en la parte superior y presiónalos en la mezcla.
7. Asegura la tapa y cocina a fuego lento durante 8 horas.
8. Sostén los extremos del pergamino y transfiere la avena a una tabla de cortar. Divide en 16 barritas. Sirve o almacena en un recipiente hermético.

Porciones: 8

Datos Nutricionales (por 1 gramo de barra): Calorías - 168; Carbohidratos - 25,1g; Grasas - 4,6g; Proteínas - 7,9g

Champiñones en Olla de Cocción Lenta

Ingredientes

- 1 libra de champiñones blancos
- 4 tazas de perejil de hoja plana, finamente picado
- 3 dientes de ajo, picados muy finos
- 2 cucharadas de Aceite de oliva
- 1 cucharadita de Sal
- ¼ cucharadita de Pimienta negra molida

Instrucciones

1. Recorta los extremos de los champiñones, dejando una pequeña porción del tallo. Colócalos en un paño humedecido.
2. Corta cada champiñón en cuartos y luego ponlos en la olla junto con el resto de los ingredientes. Mezcla bien. Cocina a fuego alto durante 2-3 horas.
3. Sírvelos con palillos de dientes.

Porciones: 4

Datos Nutricionales: Calorías - 110; Carbohidratos - 8g; Grasas - 7g; Proteínas - 5g

Alitas de Pollo con Soja y Lima en Cocción Lenta

Ingredientes

- 2 libras de alitas de pollo
- ¼ taza de salsa de soja baja en sodio
- ¼ taza de vinagre balsámico
- 4 cucharaditas de Maicena
- 3 cucharadas de Miel
- 3 cucharadas de Jugo de lima
- 2 dientes de ajo, picados
- 1 cucharadita de Salsa Sriracha
- 1 cucharadita de Jengribre en polvo
- 2 cucharaditas de Semillas de sésamo
- 2 cucharadas de Cebolletas, picadas
- Cáscara de una lima

Instrucciones

1. En un tazón grande, mezcla el jugo de lima, la ralladura de lima, la salsa Sriracha, la miel, la salsa de soja, el vinagre, el jengibre en polvo y el ajo.
2. Pon las alitas de pollo en la olla de cocción lenta. Vierte la mezcla de salsa de soja, cubriendo cada alita de pollo. Remueve para cubrir uniformemente.
3. Tapa la olla y cocina a fuego alto durante aproximadamente 3-4 horas (o a fuego lento durante 6-7 horas).
4. En un tazón pequeño, disuelve la maicena en una cucharada de agua. Agrégalo al pollo, tápalo y cocina por 10-12 minutos adicionales o hasta que la salsa se espese.
5. Decora con cebollino y semillas de sésamo antes de servir.

Porciones: 4

Datos Nutricionales: Calorías - 384; Carbohidratos - 20,99g; Grasas - 8,91g; Proteínas - 52.35g

Barritas Energéticas de Quinua en Cocción Lenta

Ingredientes

- ⅓ taza de quinua, sin cocinar
- ½ taza de pasas
- ⅓ taza de manzanas deshidratadas, picadas
- ⅓ taza de almendras tostadas, picadas
- 2 cucharadas de Mantequilla de almendras
- 2 cucharadas de Sirope de arce puro
- 1 taza de leche de almendra con vainilla sin azúcar
- 2 huevos grandes
- ½ cucharadita de Canela
- 2 cucharadas de Semillas de chía
- Pizca de sal

Instrucciones

1. Rocía la olla con espray antiadherente y cubre el fondo con papel pergamino.
2. Coloca el jarabe de arce y la mantequilla de almendras en un recipiente apto para microondas y cocina en el microondas durante aproximadamente 30 segundos o hasta que la mantequilla esté cremosa. Retira del microondas y bate.
3. Agrega la canela, la sal y la leche de almendras hasta que todo esté bien mezclado. Bate los huevos y agrega a los ingredientes restantes. Mezcla bien.

4. Vierte la mezcla en la olla y cocina a fuego lento durante aproximadamente 3 ½ a 4 horas o hasta que la parte superior de la mezcla de quinua ya esté firme.

5. Pasa un cuchillo por los lados y retira el recipiente de la olla. Refrigera hasta que esté bien frío. ¡Corta en barritas y disfruta!

Porciones: 8

Datos Nutricionales (porción de 71g): Calorías - 174; Carbohidratos - 20,1g; Grasas - 8,4g; Proteínas - 6,1g

Panini de Pollo Tandoori

Ingredientes

- 1 ½ libra de pechugas de pollo deshuesado y sin piel
- ¼ taza de caldo de pollo bajo en sodio
- 2 dientes de ajo, picados
- 2 cucharaditas de Jengibre fresco, molido
- 1 cucharadita de Paprika
- ¼ cucharadita de Sal
- ¼- ½ cucharadita de Pimienta de cayena
- ¼ cucharadita de Cúrcuma molida
- 6 cebollas verdes, picadas
- 6 cucharadas de Chutney
- 6 panes planos integrales de Naan

Instrucciones

1. Pon las pechugas de pollo, el jengibre, el ajo, el pimentón, la cúrcuma, la cayena, la sal y el caldo en la olla. Tapa la olla y cocina a fuego lento durante aproximadamente 3-4 horas o hasta que el pollo esté tierno.
2. Una vez hecho esto, transfiere el pollo a un plato y desmenúzalo con dos tenedores. Ponlo de nuevo en la olla y agrega las cebollas verdes.
3. Extiende la salsa picante en un lado de cada pan plano y luego cubre con la mezcla de pollo. Cubre nuevamente con pan plano, con la salsa picante hacia abajo.
4. Cocina en una parrilla de interior o una plancha para hacer panini durante unos 6-8 minutos o hasta que estén doradas. Con un cuchillo, corta el panini por la mitad antes de servir.

Porciones: 6

Datos Nutricionales (por ½ panini): Calorías - 351; Carbohidratos - 44g; Grasas - 6g; Proteínas - 27g

Mix de Aperitivos de Curry Tailandés

Ingredientes

- ⅔ - 1 taza de bayas de goji (o piña seca), picadas
- 5 tazas de nueces crudas, algunas picadas y cortadas a la mitad
- 1 taza de semillas de calabaza
- ¼ taza de azúcar de coco
- 2 cucharadas de Salsa tamari (o aminos de coco)
- ½ cucharada de Curry rojo en polvo
- ½ cucharadita de Polvo de chile rojo tailandés
- 2 cucharaditas de Paprika
- 1 cucharadita de Cebolla en polvo
- 1 cucharadita de ajo
- 1 cucharada de Copos de pimiento rojo
- 2 cucharadas de Aceite de coco
- 1 cucharadita de Sal marina
- ½ cucharadita de Pimienta negra

Instrucciones

1. Engrasa ligeramente el recipiente de tu olla y pon todos los ingredientes excepto las bayas de goji secas o la piña. Mezcla todo hasta que esté bien combinado.
2. Cocina a fuego medio durante 2 horas, revolviendo una vez cada 30 minutos (o en temperatura alta durante 1 a 1 ½ horas, revolviendo una vez a la mitad del tiempo), monitoreando el progreso del dulce.

Mientras cocinas, forra una bandeja para hornear con papel pergamino.

3. Una vez hecho esto, coloca las nueces confitadas en la bandeja para hornear para que se enfríen.

4. Agrega el goji seco o la piña y sirve. También puedes almacenarlo en una bolsa Ziplock o en un contenedor sellado por hasta 2 semanas.

Porciones: 8 (porción de ⅓ taza)

Datos Nutricionales: Calorías - 230; Carbohidratos - 11.5g; Grasas - 17.5g; Proteínas - 6g.

Tortillas de Cúrcuma

Ingredientes

- 1 taza de harina de yuca
- ½ cucharadita de Harina de coco
- ½ cucharadita de Levadura para hornear
- ½ cucharadita de Cúrcuma en polvo
- 2/3 tazas de agua tibia
- ½ cucharadita de Vinagre de sidra de manzana
- ½ cucharadita de Sal marina fina
- 3 cucharadas de Aceite de oliva extra virgen

Instrucciones

1. En un tazón grande, combina la harina de coco, la harina de yuca, la sal marina, el polvo de hornear y el polvo de cúrcuma.

2. En otro tazón, agrega agua tibia, vinagre de manzana y aceite de oliva virgen extra. Mezcla bien.

3. Combina la mezcla líquida con la mezcla seca y mezcla bien con una espátula. Usa tus manos para amasar y formar una masa suave.

4. Divide la masa suave en dos mitades. Además, divide cada mitad en tres porciones iguales para obtener 6 bolas de masa en total. Con un rodillo, enrolla cada bola entre dos hojas de papel de pergamino para formar una delgada hoja circular de masa de aproximadamente 6 pulgadas de diámetro.

5. Mientras apilas los trozos de tortillas enrollados, deja una hoja de papel de pergamino entre las capas para evitar que se peguen.

6. Precalienta una sartén antiadherente en una estufa a fuego medio-alto. Cocina la tortilla durante aproximadamente 2 minutos cada una, sin cubrir hasta que aparezcan burbujas en la superficie y los bordes se doren. Voltea para cocinar el otro lado por 1 ½ - 2 minutos más.

7. Sirve tibio o guárdalo en el refrigerador o congelador para su uso posterior.

Porciones: 4

Datos Nutricionales (por porción): Calorías - 83; Carbohidratos - 13.49g; Grasas - 3.11; Proteínas – 0.52g

Sopas

Sopa de Vegetales Anti Inflamatoria

Ingredientes

- 1 taza de leche de coco
- 1 cucharadita de Cúrcuma
- 1 cucharadita de Jengibre, recién rallado
- 2 lbs. de Zanahorias picadas
- Sal y pimienta al gusto
- 6 tazas de caldo de huesos

Instrucciones

1. Combina todos los ingredientes en una olla de cocción lenta y cocina a fuego lento durante 10 horas. Licúa en la olla con una licuadora de inmersión para obtener una sopa de consistencia suave y cremosa. Sirve caliente o tibio.

Porciones: 4

Datos nutricionales (por porción): Calorías - 560; Carbohidratos - 23.22g; Grasas - 32.75; Proteínas - 42.23g

Caldo de Huesos

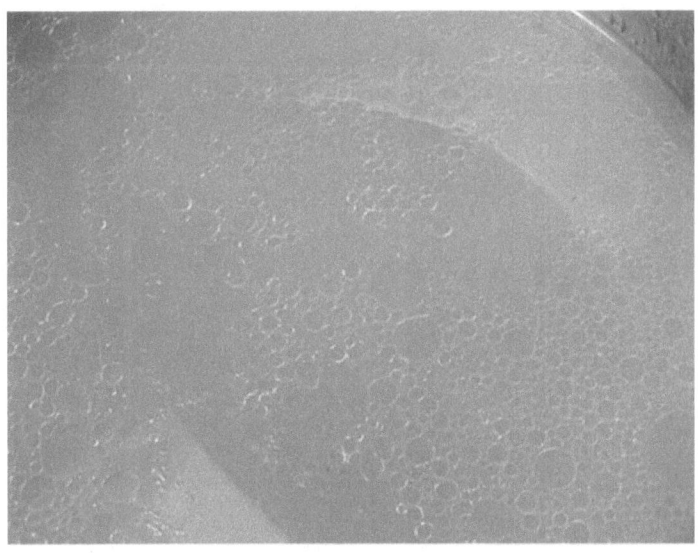

Ingredientes

- 1 pescado entero o 1 pollo entero
- 1cucharada de Granos de pimienta (alternativa: una pizca de pimentón)
- 2 hojas de laurel dulce
- Restos de vegetales (zanahorias, apio, cebolla, etc.)
- 1 taza de agua

Instrucciones

1. Agrega todo en la olla de cocción lenta y cocina a temperatura baja durante 24 horas. Cuando los huesos se desmoronen fácilmente al presionarlos ligeramente, tenlo listo para servir.

Porciones: 6

Datos Nutricionales (por porción): Calorías - 189; Carbohidratos - 12.86; Grasas - 7.65; Proteínas - 16.47g

Sopa de Brócoli, Cúrcuma y Jengibre

Ingredientes

- 8 tazas de floretes de brócoli
- 2 cucharadas de Jengibre, picado
- 4 tazas de puerro, picado
- 6 tazas de Caldo
- 2 cucharadas de Mantequilla
- 1 cucharadita de Cúrcuma molida
- 1 cucharada de Aceite de sésamo
- Una pizca de pimienta negra
- 1 cucharadita de Sal

Instrucciones

1. Comienza derritiendo la mantequilla en una sartén grande a fuego medio. Cocina los puerros durante unos 8 minutos, revolviendo ocasionalmente hasta que estén bien cocidos.

2. Pon el brócoli, el jengibre, la cúrcuma, el caldo y la sal en la olla de cocción lenta. Transfiere los puerros también. Cubre con la tapa y ajusta la olla a fuego bajo. Cocina durante 3-4 horas o hasta que el brócoli esté tierno.

3. Usando una licuadora de inmersión o un procesador de alimentos, procesa la mezcla de brócoli hasta que quede suave y cremosa.

4. Transfiere a tazones para servir. Sirve con yogur y pan integral a un lado.

Porciones: 8

Datos Nutricionales: Calorías - 126; Carbohidratos - 11g; Grasas - 7g; Proteínas - 7g

Sopa de Calabaza Mantequilla

Ingredientes

- 1 calabaza mediana (alrededor de 8 tazas) de calabaza, pelada, sin semillas y cortada en cubitos
- 1 zanahoria, pelada y picada
- 1 cebolla blanca, pelada y picada
- 1 manzana, sin corazón y picada
- ½ taza de leche de coco sin azúcar
- 2 tazas de caldo vegetal
- 4 dientes de ajo, pelados y machacados
- 1 ramita de salvia fresca
- ⅛ cucharadita de Cayena
- Una pizca de canela molida y nuez moscada
- ½ cucharadita de Sal
- ¼ cucharadita de Pimienta negra, recién molida

Instrucciones

1. Pon la calabaza, la zanahoria, la manzana, la cebolla, el ajo, la salvia, la canela, la nuez moscada, la cayena y el caldo de verduras en la olla de cocción lenta. Sazona con sal y pimienta negra. Mezcla bien. Cocina durante aproximadamente 3-4 horas a temperatura alta (o 6-8 horas a temperatura baja) o hasta que la calabaza esté tierna y se pueda machacar fácilmente con un tenedor.
2. Desecha la salvia y agrega la leche de coco.
3. Con el uso de una licuadora de inmersión, haz puré la sopa hasta que quede suave. Alternativamente, usa una licuadora regular para hacer puré la sopa. Trabaja en lotes si es necesario.
4. Agrega la pimienta de cayena. Sazona con sal y pimienta adicionales si lo deseas. Sirve caliente.

Porciones: 8

Datos nutricionales (por taza): Calorías - 129; Carbohidratos - 25g; Grasas - 3,8g; Proteínas - 2,7g

Coliflor Boloñesa con Fideos de Calabacín

Ingredientes

Para la Boloñesa:

- cucharadita de hojuelas de orégano seco
- 1 cabeza de coliflor (cortada en floretes)
- 1 cucharadita de Copos de albahaca deshidratada
- Dientes de ajo picados
- ¾ tazas de cebolla roja, cortada en cubitos
- ½ taza de caldo de verduras, bajo en sodio
- ¼ cucharadita de Copos de pimiento rojo
- Lata de tomates de 14 oz cortados en cubitos (sin sal añadida)
- Sal y pimienta al gusto

Para la Pasta

- 4 calabacines (en espiral con la cuchilla A)

Instrucciones

1. Agrega todos los ingredientes de la boloñesa en la olla de cocción lenta y cocina a fuego alto durante aproximadamente 3-5 horas.
2. Una vez hecho esto, tritura la coliflor con un machacador de papas o un tenedor para romper los floretes y toma tu boloñesa
3. Vierte cucharadas de boloñesa en los tazones de fideos de calabacín.

Porciones: 6

Datos Nutricionales (por porción): Calorías - 35; Carbohidratos - 7.54 Grasas - 0.37; Proteínas -7.54

Sopa de Frijoles Negros en Cocción Lenta

Ingredientes:

- 1 cebolla grande, picada
- Pimientos rojos, sin corazón y picados
- Zanahorias picadas
- Dientes de ajo picados
- Pimientos jalapeños, cortados en cubitos
- Tazas de caldo vegetal bajo en sodio
- Latas de frijoles negros de 15 oz., enjuagados y colados
- 1 hoja de laurel
- cucharadita de Comino molido
- 2 cucharaditas de Chile en polvo
- 2 cucharadita de Sal Kosher
- 1/2 cucharadita de Pimienta de cayena
- Aderezos opcionales:
- Cilantro fresco picado
- Aguacate cortado en cubitos

Instrucciones

1. Agrega todos los ingredientes en la olla de cocción lenta y revuelve para combinar. Cocina a temperatura baja durante 6-8 horas o 3-4 horas cuando esté a temperatura alta. Una vez hecho y todas las verduras estén cocidas y tiernas pero no blandas, retira la hoja de laurel.
2. Sirve con la guarnición o los ingredientes deseados.

Porciones: 8

Datos Nutricionales (por porción): Calorías - 257; Carbohidratos - 39.03 Grasas - 5.63; Proteínas -15.19

Sopa de Col Rizada y Quinua en Olla de Cocción Lenta

Ingredientes

- 3 tazas de col rizada picada
- ½ tazas de quinua seca
- 2 papas medianas, peladas y cortadas en cubitos
- 2 tazas de frijoles Cannellini (enlatados), escurridos
- 4 tazas de caldo vegetal bajo en sodio
- 1 cebolla mediana, picada
- 2 ramitas de romero fresco
- ¼ cucharadita de Pimienta negra, recién molida
- 2 cucharadas de Aceite de oliva virgen extra (y reservar un poco para rociar)

Instrucciones

1. Haz la crema agregando 1 taza de frijoles en un tazón y mezclando con una licuadora de inmersión. También puedes usar una licuadora tradicional o un procesador de alimentos.
2. Coloca la crema junto con el caldo, la taza restante de frijoles, papas, cebollas, romero, aceite y pimienta negra en la olla. Cocina durante 2-4 horas a temperatura alta (o 4-6 horas a temperatura baja). Agrega la col rizada y la quinua en los últimos 30 minutos de cocción.
3. Rocía con aceite de oliva antes de servir.

Porciones: 6 (porción de 1 ½ tazas)

Datos Nutricionales: Calorías - 360; Carbohidratos - 56g; Grasas - 11g; Proteínas - 11g

Sopa de Cordero y Tomillo Regeneradora en Cocción Lenta

Ingredientes

Para el caldo de cordero:

- 1 jarrete de cordero
- 2 zanahorias en rodajas
- 4 tazas de agua
- 1 cebolla partida en cuatro trozos
- 2 hojas de laurel
- Aceite de coco (para rociar)
- Sal
- Pimienta negra

Para la sopa:

- 2 batatas picadas en trozos pequeños
- 2 papas pequeñas, picadas en trozos pequeños
- 2 zanahorias picadas en trozos pequeños
- 2 tomates picados en trozos pequeños
- 1 cebolla, troceada muy fina
- 2 dientes de ajo
- ½ taza de vino tinto
- 1 cucharadita de Orégano fresco

- 1 cucharadita de Cúrcuma finamente rallada.
- 1 cucharadita de Tomillo fresco
- ½ cucharadita de Comino
- Sal
- Pimienta negra
- Perejil, para adornar

Instrucciones

1. Para hacer el caldo, frota un poco de sal y pimienta en el jarrete.
2. Coloca una sartén a fuego medio-alto, un poco de aceite y dora la carne por ambos lados. Una vez hecho, coloca el jarrete en la olla de cocción lenta junto con los ingredientes del caldo y cocina a fuego lento durante aproximadamente 9-10 horas.
3. Cuando se acabe el tiempo de cocción, retira el jarrete y transfiérelo a una tabla de cortar. Corta el jarrete en trozos pequeños y reserva.
4. Transfiere el caldo a un recipiente, dejándolo enfriar completamente en la nevera. Una vez frío, podrás notar algo de grasa en la superficie. Retírala y coloca el caldo de nuevo en la olla de cocción lenta.
5. Coloca las verduras en la olla junto con el vino tinto, la cebolla, el ajo, el tomillo, la cúrcuma, el orégano, el comino, la sal y la pimienta. Cocina durante 6-8 horas a temperatura baja. Agrega la pierna de cordero a la sopa 1 hora antes del final del tiempo de cocción. Espolvorea con perejil antes de servir.

Porciones: 6

Datos Nutricionales: Calorías - 345; Carbohidratos - 31,09g; Grasas - 8,42g; Proteína - 37,33g

Chili de Pollo Saludable

Ingredientes

- 2 libras de pechugas de pollo deshuesadas y sin piel
- 1 x 15 oz. lata de frijoles rojos enjuagados y escurridos
- 1 x 15 oz. frijoles negros, enjuagados y escurridos
- 1 x 14.5 oz. lata Tomates asados al fuego (cortados en cubitos), sin escurrir
- 1 x 4 oz. lata de chiles verdes (picados), sin escurrir
- 2 tazas de caldo de pollo bajo en sodio
- 1 chile jalapeño mediano, finamente picado
- 1 pimiento verde mediano, picado
- 1 cebolla mediana troceada
- 1 cucharada de Chile en polvo
- 1 ½ cucharadita de Comino molido
- 1 cucharadita de Paprika
- ½ cucharadita de Sal Kosher
- ¼ cucharadita de Cayena
- Sal
- Pimienta negra fresca molida

Para los aderezos (opcional):

- Cilantro fresco (o cebolla verde), picado
- Aguacate, cortado en cubitos (o guacamole)
- Yogur griego natural, descremado
- Jalapeños en vinagre

Instrucciones

1. Coloca las cebollas y los pimientos (pimiento y jalapeños) en el fondo de la olla.

2. En un tazón pequeño, incorpora el pimentón, el chile en polvo, el comino, la pimienta y la sal. Mezcla bien. Usando la mitad de la mezcla de especias, sazona el pollo.

3. Coloca el pollo sobre los pimientos y las cebollas. Agrega chiles, los tomates y 1 taza de caldo más el resto del condimento.

4. Pon la olla a fuego lento durante 6-7 horas (o a fuego alto durante 3-4 horas).

5. Una vez que el pollo esté tierno, transfiérelo a una tabla de cortar y luego pon los frijoles en la olla. Si la salsa es muy espesa, diluye agregando más caldo hasta lograr la consistencia deseada.

6. Mientras tanto, corta el pollo en trozos pequeños o puedes desmenuzarlo con dos tenedores. Regresa el pollo a la olla y mezcla bien. Sazona con sal y pimienta negra. Sirve con los ingredientes de tu elección.

Porciones: 6

Datos Nutricionales: Calorías - 422; Carbohidratos - 41g; Grasas - 11g; Proteínas - 59g

Sopa de Pollo a la Mexicana

Ingredientes

- 1 cucharadita de Chile en polvo
- 3 pechugas de pollo enteras (sin hueso y sin piel)
- 1 cucharadita de Comino molido
- Pimienta negra recién molida
- 28 oz. lata tomates enteros o cortados en cubitos, con su jugo
- 15 onzas latas frijoles negros, escurridos y enjuagados
- 3 tazas de caldo de pollo bajo en sodio
- Lata de 10 oz. de tomates cortados en cubitos con chiles verdes
- 1 cebolla, troceada
- 4 onzas de pasta de tomate
- 1 pimiento rojo, troceado
- 1 pimiento amarillo picado
- 1/2 lima (extrae el jugo)
- 1 lata de chile chipotle en adobo
- Sal Kosher

Instrucciones

1. Coloca la carne de pollo en la olla de cocción lenta. Condimenta con chile en polvo, comino, sal y pimienta al gusto. Además, agrega tomates, tomates con chiles, pasta de tomate, pimiento chipotle, pimientos rojos y amarillos, frijoles negros y caldo de pollo. Mezcla y tapa la olla de cocción lenta. Cocina durante 8 horas a fuego lento o

puedes configurarlo durante 5 horas a fuego alto.

2. Cuando termines, vierte el jugo de lima sobre el plato y revuelve. Transfiere la carne de pollo a un plato y usa tenedores para desmenuzarla en trozos finos. Regresa las piezas trituradas a la olla de cocción lenta y ajusta el sabor agregando algunos condimentos si es necesario.

3. Sirve caliente en un tazón con aguacate y tortillas de cúrcuma con hojas de cilantro como guarnición.

Porciones: 8

Datos Nutricionales (por porción): Calorías - 186; Carbohidratos - 26.62; Grasas - 3.23; Proteínas -14.81

Chirivía - Sopa de Guisantes Partidos

Ingredientes

- 1 cucharada de Aceite de oliva
- 1 cebolla troceada
- Dientes de ajo, picados
- 2 chirivías grandes, picadas
- 2 zanahorias grandes, picadas
- 1 libra de guisantes verdes partidos secos
- 1 cucharadita de Tomillo deshidratado
- 1 cucharadita de Condimento de aves de corral (opcional)
- 2 hojas de Laurel
- Tazas de agua
- Sal mineral y pimienta

Instrucciones

1. Precalienta una sartén antiadherente y saltea la cebolla, el ajo, las zanahorias y las chirivías con aceite de oliva durante aproximadamente 4 minutos.
2. Agrega verduras salteadas a la olla de cocción lenta junto con el resto de los ingredientes.
3. Cocina durante aproximadamente 8 horas a fuego lento.
4. Cuando termines, retira las hojas de laurel y mezcla con una licuadora de inmersión. Mezcla bien hasta lograr la consistencia deseada. Asegúrate de que la mezcla sea cremosa y menos gruesa. Agrega el condimento según el gusto deseado.

Porciones: 8

Datos Nutricionales (por porción): Calorías - 165; Carbohidratos - 29.37 Grasas - 2.81; Proteínas -7.47

Sopa de Pimiento Rojo Asado con Tomate y Cúrcuma

Ingredientes

- 1 x 12-oz. Pimientos rojos asados
- 1 x 28-oz. Lata de tomates triturados
- 2- 3 tazas de caldo vegetal
- 1 cebolla blanca, troceada
- 4 dientes de ajo, picados
- 1 cucharada de Cúrcuma en polvo
- 1 cucharada de Aceite de coco
- ½ cucharadita de Albahaca deshidratada
- ½ cucharadita de Tomillo deshidratado
- ½ cucharadita de Pimienta

Instrucciones

1. Coloca la sartén a fuego medio-alto y vierte el aceite. Saltea el ajo y la cebolla durante 2-3 minutos hasta que estén suaves y fragantes. Mezcla las especias y cocina por otros 30 segundos.
2. Transfiere las especias salteadas a la olla. Agrega los tomates, pimientos y caldo. Tapa la olla y cocina a temperatura baja durante 6-7 horas (o durante 3-4 horas a temperatura alta).
3. Una vez hecho, déjalo enfriar un poco. Transfiere el contenido (puedes trabajar en lotes) a una licuadora y procesa. Si tienes una licuadora de inmersión, puedes usarla en lugar de la licuadora tradicional. Es posible que necesites un poco de caldo para ajustarte a la consistencia deseada.

Porciones: 4

Datos Nutricionales: Calorías - 117; Carbohidratos - 20,08g; Grasas - 4,2g; Proteína - 3,21g

Sopa de Pollo con Fideos en Cocción Lenta

Ingredientes

- 8 onzas de fideos al huevo
- 1 ½ libra de pechugas de pollo deshuesado y sin piel
- 10 tazas de caldo de pollo bajo en sodio
- 3 zanahorias, peladas y cortadas en rodajas
- 1 cebolla grande, picada
- 3 dientes de ajo, picados
- 2 tallos de apio, en rodajas
- 4 Ramitas de tomillo fresco
- 4 Ramitas de romero fresco
- 1 hoja de laurel
- Sal Kosher
- Pimienta negra recién molida

Instrucciones

1. Mezcla el pollo, las zanahorias, el apio, la cebolla, el ajo, el romero, el tomillo y el laurel en la olla de cocción lenta. Sazona con sal y pimienta antes de verter el caldo en la olla de cocción lenta. Tapa la olla y ajusta a temperatura baja. Cocina durante 6-8 horas.

2. Toma el pollo de la olla y transfiérelo a un plato. Usando dos tenedores, desmenuza las pechugas de pollo.

3. Retira las hierbas y la hoja de laurel, luego desecha.

4. Vuelve a poner los trozos de pollo en la olla de cocción lenta y agrega los fideos. Cubre con la tapa y cocina nuevamente a fuego lento durante unos 20-30 minutos o hasta que los fideos estén al dente. Sirve caliente.

Porciones: 8

Datos Nutricionales: Calorías - 240; Carbohidratos - 13.1g; Grasas - 7g; Proteínas - 28.9g

Sabrosa Sopa Súper Alimento en Olla de Cocción Lenta

Ingredientes

- 2 tazas de col rizada, picada gruesa
- 2 tazas de zanahorias, en rodajas
- 1 batata grande, cortada en cubos de ½ pulgada
- 1 taza de judías verdes frescas
- 2 x 15 oz. latas de frijoles negros, escurridos y enjuagados
- 2 tazas de jugo de vegetales orgánicos
- 2 tazas de caldo vegetal bajo en sodio
- ½ taza de cilantro fresco, picado
- 1 cebolla pequeña, cortada en cubitos
- 1 diente de ajo picado
- 1 cucharadita de Chile en polvo
- 1 cucharadita de Comino
- ½ cucharadita de Hojuelas de pimiento rojo, trituradas
- ½ cucharadita de Pimienta negra
- Sal marina o Kosher

Instrucciones

1. Coloca todos los ingredientes en la olla, cubre con una tapa y cocina a fuego lento durante 6-8 horas o hasta que las verduras estén tiernas. Pon la col rizada en los últimos 5 minutos de cocción.

Porciones: 8

Datos Nutricionales (por ración): Calorías -157; Carbohidratos - 32g; Gramos - 1g; Proteína - 7g

Verduras Variadas de Invierno en Olla de Cocción Lenta

Ingredientes

- 2 ½ tazas de calabaza o bellotas, peladas y picadas
- 2 ½ tazas de zanahorias baby
- 2 ½ tazas de caldo vegetal
- 1 cebolla en juliana
- 1 cucharadita de Tomillo
- ½ cucharadita de Sal marina
- Cebollino o perejil, picado (para decorar)

Instrucciones

1. Coloca todo en la olla, cierra con tapa y cocina a fuego lento durante aproximadamente 4-6 horas o hasta que las verduras estén tiernas. Decora con cebollino o perejil antes de servir.

Porciones: 4

Datos Nutricionales (por porción): Calorías - 128; Carbohidratos - 28g; Grasas - 1g; Proteína - 4g

Sopa de Fajita Picante

Ingredientes

- 1/2 taza de maíz, descongelado
- 2 cucharadas de Chile en polvo
- 2 pimientos verdes, en juliana
- 2 cebollas amarillas medianas, en juliana
- 1 pimiento chipotle en salsa de adobo, picado
- 1 cucharada de Ajo, picado
- 4 tazas de caldo de pollo
- 2 tazas de aceite de oliva
- 12 tortillas de trigo integral, divididas en 8
- 2 cebolletas, en rodajas
- 1 14-oz. Lata de tomates troceados
- 1 taza de queso Monterey Jack orgánico
- 2 cebolletas, en rodajas

Instrucciones

1. Agrega cebollas, ajo, maíz, tomates, pimientos, chipotle, caldo y una cucharada de chile en polvo en la olla de cocción lenta. Sazona con sal y pimienta y cocina durante 4-6 horas.
2. Precalienta el asador.
3. Precalienta una sartén profunda en un fogón a fuego medio y agrega el aceite de oliva. Fríe los trozos de tortilla durante aproximadamente 1-2 minutos o hasta que estén dorados. Escurre en una toalla de papel

y sazona con sal y el chile en polvo restante.

4. Precalienta el asador. Sirve la sopa cocida en tazones a prueba de horno con 2 cucharadas de queso orgánico encima y coloca cada tazón en una sartén.

5. Coloca la sartén con tazones de sopa en el asador y cocina durante aproximadamente 1-2 minutos o hasta que el queso esté dorado y burbujeante. Sirve.

Porciones: 8

Datos Nutricionales (por porción): Calorías - 432; Carbohidratos - 56.37 Grasas - 95.45; Proteínas –49.67

Sopa de Fresa y Remolacha

Ingredientes

- 6 tazas de fresas frescas, sin pedículos
- 2 libras de remolachas peladas
- 4 tazas de caldo de pollo o huesos
- 1 taza de suero de leche
- ¼ cucharadita de Pimienta negra recién molida
- ½ cucharadita de Sal
- ¼ taza de semillas de cáñamo (o ¼ taza de semillas de sésamo)

Instrucciones

1. En una olla de cocción lenta, pon la remolacha, la sal, la pimienta y el caldo. Tapa la olla y pon la configuración en alto. Cocina durante aproximadamente 2 a 2 ½ horas o hasta que las remolachas estén tiernas.
2. Usando una licuadora de inmersión (o procesador de alimentos) haz puré la mezcla de remolacha hasta que quede suave.
3. Agrega las fresas y procesa nuevamente hasta que quede suave.
4. Reparte en tazones. Decora cada tazón con 2 cucharadas de suero de leche y media cucharada de semillas de cáñamo. Sirve mientras esté caliente.

Porciones: 8

Datos Nutricionales: Calorías - 227; Carbohidratos - 24g; Grasas - 5g; Proteína - 12g

Sopa de Coco Vegana Desintoxicante en Olla de Cocción Lenta

Para el Caldo:

- latas de 13.5 onzas de leche de coco
- Tazas de caldo vegetal
- tallos de limoncillo, aplastados
- jengibre fresco (2 pulgadas de largo por pieza), pelado y rebanado
- 2 dientes de ajo, picados
- 1 cebolleta
- Sal Kosher
- Extracto de jugo de 2 limas

Para Aderezos:

- 5 onzas de espinaca baby
- tazas de guisantes en rodajas
- Cebolletas, en juliana
- ½ taza de hojuelas de coco sin azúcar
- Hojas de albahaca
- 1 taza de brotes de soja
- Hojas de menta
- Hojas de cilantro
- Chile rojo Fresno, en juliana

- Gajos de lima, para servir

Instrucciones

Para el Caldo:

1. Combina limoncillo, ajo, jengibre, cebollín y leche de coco con el caldo de verduras en la olla de cocción lenta. Pon a fuego lento y cocina durante 7 horas hasta que pueda oler el aroma del caldo.
2. Retira los tallos de limoncillo, los dientes de ajo, el jengibre y las cebolletas del caldo. Mejora el sabor agregando jugo de lima. Sazona con sal al gusto.
3. Además, agrega los guisantes y las espinacas y déjalo reposar durante 7-10 minutos. Revuelve antes de servir.
4. Sirve en tazones cubiertos con brotes de soja, cebolletas, hojuelas de coco, cilantro, menta, albahaca y chile. Con más lima mientras aún está caliente.

Porciones: 8

Datos Nutricionales: Calorías - 115; Carbohidratos - 18g; Grasa - 31g; Proteína - 3g

Pescados y Mariscos

Salmón Saludable en Cocción Lenta

Ingredientes

- 2 libras de filete de salmón con piel
- 1 ½ tazas de caldo vegetal
- 1 cebolla, en rodajas
- Sal
- Pimienta negra fresca molida
- Jugo de 1 limón
- 1 limón cortado en rodajas

Instrucciones

1. Corta el salmón en porciones individuales. Frota un poco de sal y pimienta en cada lado y luego espolvorea con limón.

2. Cubre el fondo de la olla con una lámina cuadrada o papel pergamino. Los bordes sobrantes te facilitarán levantar el pescado de la olla más adelante

3. Coloca la cebolla en rodajas y el limón en una sola capa en el fondo de la olla. Coloca los filetes de salmón encima con la piel hacia abajo. Si el salmón no cabe en una sola capa, coloca otro pergamino o papel de aluminio sobre la primera capa de salmón y coloca el resto (igualmente con la piel hacia abajo).

4. Vierte el caldo sobre el salmón. Si logras tener una sola capa de salmón, agrega suficiente caldo para cubrir los filetes de pescado. Si tienes dos capas, agrega lo suficiente como para llegar a la mitad de la segunda capa.

5. Asegura la tapa y cocina a fuego lento durante aproximadamente 1-2 horas. Verifica el salmón después de una hora y continúa revisando cada 20 minutos después de eso. El salmón debe hacerse a 145°F en la parte más gruesa del pescado.

6. Transfiere el salmón levantando cuidadosamente los lados del papel de aluminio o pergamino, drenando el líquido en el proceso. Sirve inmediatamente.

Porciones: 6

Datos Nutricionales (por porción): Calorías - 391; Carbohidratos - 9,2g; Grasas - 23g; Proteínas - 34,9g

Estofado de Bagre a Fuego Lento

Ingredientes

- 1 ½ libras de filetes de bagre, cortados en trozos de 2 pulgadas
- 1 x 14.5-oz. Lata de tomates enteros
- 4 onzas de champiñones, en rodajas
- ¼ taza de vino blanco seco
- 1 pimiento verde, cortado en trozos de 1 pulgada
- 2 calabacines pequeños, en rodajas
- 1 diente de ajo grande, picado
- 1 cebolla grande, en rodajas
- ½ cucharadita de Albahaca seca
- ½ cucharadita de Hojas de orégano secas
- 2 cucharadas de Aceite de oliva extra virgen
- 1 cucharadita de Sal
- ⅛ cucharadita de Pimienta negra
- Perejil, para adornar

Instrucciones

1. Comienza colocando todos los ingredientes en una olla de cocción lenta de 5 cuartos. Mezcla bien todos los ingredientes.
2. Cubre la olla con la tapa y cambia el ajuste a alto durante aproximadamente 3 ½ - 5 ½ horas. Decora con perejil antes de servir.

Porciones: 6

Datos Nutricionales: Calorías - 225; Carbohidratos - 17g; Grasas - 8g; Proteínas - 21g

Salmón al Eneldo y Limón

Ingredientes

- 2 libras de filetes de salmón
- 1 limón en rodajas
- 2 dientes de Ajo, picados
- 1 cucharadita de aceite de oliva virgen extra
- Un puñado de eneldo fresco.
- Sal
- Pimienta

Instrucciones

1. Cubre generosamente el recipiente de la olla de cocción lenta con espray antiadherente para cocinar o cubre el fondo con pergamino.
2. Frota el pescado con aceite de oliva y luego sazona con eneldo, ajo, sal y pimienta. Ponlo en la olla. Cubre con rodajas de limón y cocina a fuego lento durante aproximadamente 2 horas (o a fuego alto durante aproximadamente una hora).

Porciones: 2

Datos Nutricionales (por porción): Calorías - 346; Carbohidratos - 9,4g; Grasas - 12,9g; Proteínas - 51,2g

Papas Panadera con Salmón

Ingredientes

- 1 x 16 onzas Salmón, escurrido y desmenuzado
- 4 - 5 papas en rodajas
- 10.75 oz. Crema de champiñones (alternativa: sopa de crema de apio)
- ½ taza de cebolla picada
- ¼ taza de agua
- 3 cucharadas de Harina
- Pizca de nuez moscada
- Sal
- Pimienta negra

Instrucciones

1. Engrasa el recipiente de la olla de cocción lenta con espray antiadherente.
2. Coloca la mitad de las patatas en la parte inferior, espolvorea con 1 ½ cucharada de harina, sal y pimienta. Extiende la mitad de las hojuelas de salmón por encima y espolvorea con ¼ de taza de cebolla. Repite la operación para formar otra capa.
3. En un tazón, combina la sopa y el agua. Vierte en la olla de cocción lenta. Añade la nuez moscada.
4. Tapa la olla y cocina a fuego lento durante aproximadamente 7-9 horas o hasta que las patatas estén tiernas.

Porciones: 6

Datos Nutricionales: Calorías - 438; Carbohidratos - 24g; Grasas - 28g; Proteína - 22g

Camarones Barbacoa en Cocción Lenta

Ingredientes

- 2 lbs. Camarones, pelados y desvenados
- 1 taza de salsa barbacoa orgánica
- 3 cucharadas de Mantequilla orgánica
- 3 cucharadas de Salsa Worcestershire
- 2 cucharadita de Ajo, machacado
- Sal
- Pimienta negra
- Gajos de limón, para adornar

Instrucciones

1. Pon todos los ingredientes (excepto las rodajas de limón) en la olla y mezcla bien. Cocina a fuego lento durante una hora.
2. Sirve con rodajas de lima y verduras a un lado.

Porciones: 4

Datos Nutricionales (por porción): Calorías - 408; Carbohidratos - 33,12g; Grasas - 10,29g; Proteína - 46,43g

Curry Rojo con Bacalao en Olla de Cocción Lenta

Ingredientes

- 1 libra de filete de bacalao
- 340 gramos de zanahorias en juliana
- 2 x 15 onzas lata de leche de coco descremada
- 1 pimiento rojo en rodajas
- 3 cucharadas de Pasta de curry rojo
- 1 cucharada de Curry en polvo
- 1 cucharadita de Jengibre molido
- 1 cucharadita de Ajo en polvo
- Sal
- Pimienta negra
- 1 taza de arroz integral, cocinado
- Cebolla verde picada (para decorar)

Instrucciones

1. Agrega la leche de coco, el curry en polvo, el jengibre molido, el ajo en polvo y la pasta de curry en la olla de cocción lenta. Agrega las zanahorias y los pimientos, luego agrega cuidadosamente el filete de bacalao a la salsa
2. Tapa la olla y cocina a fuego lento durante aprox. 2 horas.
3. Una vez hecho, corta el bacalao en trozos pequeños. Sazona la salsa con sal y pimienta. Agrega el bacalao nuevamente a la salsa, revuelve bien y sirve en platos hondos con arroz integral. ¡Decora con cebollas verdes picadas y disfruta!

Porciones: 4

Datos Nutricionales (por servicio): Calorías - 611; Carbohidratos - 30,8g; Grasas - 46,79g; Proteínas - 24,69g

Estofado Pescado en Olla de Cocción Lenta (Cioppino)

Ingredientes

- 1 x 28 onzas lata de tomates triturados con jugo
- 1 x 8 onzas lata de salsa de tomate
- 1 taza de vino blanco seco
- ½ taza de cebolla picada
- ⅓ taza de aceite de oliva
- ½ taza de perejil, picado
- 2 cucharaditas de Albahaca
- 1 cucharadita de Tomillo
- 1 cucharadita de Orégano
- ½ cucharadita de Paprika
- ½ cucharadita de Pimienta de cayena
- 3 dientes de ajo, picados
- 1 pimiento verde, troceado
- 1 pimiento picante troceado (opcional)
- Sal
- Pimienta negra

Para el marisco:

- 1 Filete de lubina u otro pescado blanco, deshuesado y en cubos
- 1 docena de almejas frescas (también puedes utilizar almejas enlatadas)
- 1 docena de vieiras
- 1 docena de langostinos

- 1 docena de mejillones

Instrucciones

1. Pon todos los ingredientes (excepto los mariscos) en la olla de cocción lenta. Tápala y cocina a fuego lento durante 6-8 horas.

2. En los últimos 30 minutos de cocción, agrega los mariscos. Cambia a alto y revuelve ocasionalmente. Si deseas una consistencia líquida más fina, agrega ½ taza de agua o caldo.

Porciones: 6

Datos Nutricionales (por porción): Calorías - 434; Carbohidratos - 27g; Grasas - 16g; Proteínas - 39g

Pescado y Tomates en Cocción Lenta

Ingredientes

- 1 libra de bacalao
- 1 lata de 15 onzas de tomates, cortados en cubitos
- ¼ taza de caldo bajo en sodio
- 1 pimiento en rodajas
- 1 cebolla mediana en rodajas
- 3 dientes de ajo, picados
- 1 cucharada de Romero
- ¼ cucharadita de Copos de pimiento rojo
- ¼ cucharadita de Sal
- ¼ cucharadita de Pimienta negra

Instrucciones

1. Coloca todos los ingredientes (excepto el pescado) en la olla de cocción lenta y mezcla bien.
2. Sazona el pescado con sal y pimienta (o tu condimento preferido). Agrégalo encima de la mezcla de tomate y tapa la olla. Cocina a fuego lento durante 1-3 horas (o a fuego alto durante 30 minutos a 1 hora y media).
3. Divide en 4 porciones y sirve.

Porciones: 4

Datos Nutricionales: Calorías - 130; Carbohidratos - 9g; Grasas - 1g; Proteína - 22g

Camarones al Ajillo en Cocción Lenta

Ingredientes

Para el sazón criollo:

- 2 cucharaditas de Pimienta negra fresca molida
- 1 cucharadita de Pimienta de cayena
- 1 cucharada de Ajo en polvo
- 1 cucharadita de Cebolla en polvo
- 1 cucharadita de Hojas de tomillo secas
- 1 cucharadita de Hojas de orégano seco
- 1 cucharada de Sal
- 1 cucharada de Paprika
- Para los camarones al ajillo:
- 1.5 lb. Camarones extra grandes (o jumbo) pelados y desvenados
- 1 cucharadita de Sazón criollo (ver abajo)
- 4 cucharadas de Mantequilla orgánica
- ¼ taza de Aceite de Oliva
- 5 dientes de ajo, pelados y en rodajas finas
- ⅛ cucharadita de Pimienta de cayena molida
- ¼ cucharadita de Pimienta negra fresca molida
- 1-2 cucharadas de perejil fresco, picado (para decorar)

Instrucciones

1. Prepara el condimento criollo mezclando todos los condimentos criollos en un tazón pequeño. Obtén la cantidad requerida para la receta de camarones al ajillo y almacena la cantidad restante en un recipiente. Mantén en un lugar fresco y oscuro.

2. Para los camarones al ajillo, pon la mantequilla, el ajo, el condimento criollo, el aceite, la pimienta y la pimienta negra en la olla. Cubre y coloca a temperatura alta durante aproximadamente 25-30 minutos.

3. Mientras tanto, enjuaga los camarones con agua fría y luego sécalos.

4. Agrega los camarones a la mezcla de mantequilla y revuelve bien para cubrir. Cocina a fuego alto durante aproximadamente 20-30 minutos, revolviendo a la mitad del tiempo de cocción. Una vez hecho, los camarones deben estar opacos y rosados.

5. Transfiere a un plato para servir y adorna con perejil.

Porciones: 4-6

Datos Nutricionales (por porción): Calorías - 307; Carbohidratos - 9g; Grasas - 18g; Proteína - 28g

Jurel al Vapor con Soja y Jengibre en Olla de Cocción Lenta

Ingredientes

- 1 jurel entero, limpio, descascarado y destripado
- 1 manojo de puerros
- ¼ taza de vino para cocinar chino
- ¼ taza de salsa Tamari
- ¼ taza de aceite de sésamo
- 1 x 2 pulgadas de jengibre, cortado en tiras finas
- 2 cucharadas de Miel
- Para la guarnición:
- 6 dientes de ajo, picados y fritos
- 1 manojo de cilantro, picado

Instrucciones

1. Haz cortes diagonales a ambos lados del pescado.
2. En un tazón, incorpora el vino de cocinar, la salsa de soja, la miel, el jengibre y el aceite de sésamo.
3. Coloca los puerros en el fondo de la olla de cocción lenta. Coloca el pescado encima y viértele la salsa.
4. Enciende la olla a fuego alto y cocina durante 1 hora.
5. Una vez hecho esto, transfiere el pescado junto con su salsa a un plato para servir. Cubre con cilantro y ajo frito. ¡Sirve y disfruta!

Porciones: 4

Datos Nutricionales (por porción): Calorías - 465; Carbohidratos - 14.8g; Grasas - 30g; Proteínas - 34g

Halibut al Limón con Alcaparras en Olla de

Cocción Lenta

Ingredientes

- 4 filetes de halibut
- 2 limones
- ½ taza de caldo de pollo
- 1 cucharada de Albahaca deshidratada
- 1 cucharadita de Ajo, machacado
- 1 cucharada de Alcaparras
- 2 cucharadas de Mantequilla orgánica
- Sal

- Pimienta negra

Instrucciones

1. Corta uno de los limones en 10 rodajas finas y colócalo en el fondo de la olla. Pon a un lado el limón restante, corta en gajos. Coloca el halibut sobre las rodajas de limón y vierte el caldo. Sazona con albahaca seca, sal y pimienta.

2. Pon a fuego lento y cocina durante 2-3 horas o hasta que la temperatura interna en la parte más gruesa del halibut sea de 145°F.

3. Calienta la mantequilla en una cacerola pequeña y agrega las alcaparras. Cocina hasta que la mantequilla comience a dorarse.

4. Transfiere el halibut a un plato para servir y rocía con la salsa de alcaparras. Decora con rodajas de limón.

Porciones: 6

Datos Nutricionales (por porción): Calorías- 291; Carbohidratos- 6g; Grasas - 11,7g; Proteína - 41g

Salmón Escalfado con Miso en Olla de Cocción Lenta

Ingredientes

- 2 piezas de filete de salmón
- 1 taza de champiñones
- ½ taza de pasta de miso
- ½ taza de cebolleta, en rodajas finas
- 3 tazas de caldo de pescado
- 1 pieza de 2 pulgadas de jengibre, en rodajas finas
- 2 cucharaditas de Sal (o salsa de pescado)

Instrucciones

1. Mezcla la pasta de miso, las cebolletas, el jengibre y el caldo en la olla. Cocina a fuego lento durante aproximadamente 4 horas.

2. Después de 4 horas, cambia a fuego alto. Coloca los filetes de salmón y los champiñones en la olla y cocina por otros 10 minutos. Sazona con salsa de pescado o sal antes de servir.

Porciones: 2

Datos Nutricionales: Calorías - 393; Carbohidratos - 22g; Grasas - 13,4g; Proteína - 47g

Sabalote Escalfado con Piña y Jengibre

Ingredientes

- 500 gramos de Sabalote
- 1 taza de trozos de piña
- 1 taza de jugo de piña
- ¼ taza de vinagre blanco
- 1 unidad de 2 pulgadas de jengibre, pelado y en rodajas finas
- 4-5 unidades de pimientos jalapeños
- 6 dientes de ajo, picados
- ½ cucharada de Granos de pimienta negra

Instrucciones

1. Frota el sabalote con sal. Ponlo todo, incluido el pescado, en la olla y tápala.
2. Cocina a fuego lento durante aproximadamente 4 horas.

Porciones: 4

Datos Nutricionales (por porción): Calorías - 260; Carbohidratos - 18,59g; Grasas - 8,63g; Proteínas - 26,69g

Popurrí de Mariscos en Olla de Cocción Lenta

Ingredientes

- 1 libra de camarones, pelados y desvenados
- 1 libra de vieira
- 1 libra de carne de cangrejo
- 2 x 10.75 onzas latas de crema de apio
- 21 ½ oz. Leche 1%
- 2 cucharadas de Mantequilla orgánica
- 1 cucharadita de Condimento Old Bay
- ¼ cucharadita de Sal
- ¼ cucharadita de Pimienta negra

Instrucciones

1. Coloca las vieiras, camarones y cangrejo en el fondo de la olla.
2. En un tazón, mezcla la leche y la crema de apio antes de verter sobre los mariscos. Agrega las especias y la mantequilla encima y tapa la olla.
3. Cocina a fuego lento durante 3-4 horas. Sirve sobre arroz integral si lo deseas.

Porciones: 10

Datos Nutricionales (por ración): Calorías - 232,7; Carbohidratos - 8,9g; Grasas - 8,8g; Proteínas - 28,1g

Camarones Criollos en Cocción Lenta

Ingredientes

- 1 - 1.5 lb. Camarones, desvenados y sin cáscara
- 1 lata de 28 onzas de tomates enteros, desmenuzados
- 1 x 8 onzas lata de salsa de tomate
- 1 ½ taza de apio, cortado en cubitos
- 1 ¼ taza de cebolla picada
- 1 taza de pimiento picado
- 1 diente de ajo, picado
- ½ cucharadita de Sazón criollo
- 6 gotas de Tabasco
- 1 cucharadita de Sal
- ¼ cucharadita de Pimienta negra fresca molida

Instrucciones

1. Coloca todos los ingredientes (excepto los camarones) en la olla y tápala. Pon a fuego lento y cocina durante aproximadamente 6-8 horas. Cocina por 3-4 horas a fuego alto.

2. Agrega los camarones en los últimos 30 minutos de cocción. Sirve sobre arroz integral cocido.

Porciones: 2-3

Datos Nutricionales (por porción): Calorías - 388; Carbohidratos - 42g; Grasas - 3g; Proteínas - 52g

Camarones Scampi en Cocción Lenta

Ingredientes

- 1 libra de camarones, pelados y desvenados
- ½ taza de vino blanco para cocinar
- ¼ taza de caldo de huesos de pollo
- 2 cucharadas de Aceite de oliva
- 2 cucharadas de Mantequilla orgánica
- 2 cucharadas de Perejil finamente picado
- 1 cucharada de Ajo, machacado
- 1 cucharada de Jugo de limón
- ½ cucharadita de Copos de pimiento rojo
- Sal
- Pimienta negra

Instrucciones

1. Mezcla la mantequilla, las hojuelas de pimiento rojo, el jugo de limón, el ajo, el aceite de oliva, el caldo, el vino, la sal y la pimienta en la olla. Agrega los camarones y tapa.

2. Cocina a fuego lento durante aproximadamente 2 horas y media (o en fuego alto durante 1 hora y media). Una vez hecho esto, sírvelo en un plato y disfruta.

Porciones: 4

Datos Nutricionales (por porción): Calorías - 256; Carbohidratos - 2,1g; Grasas - 14,7g; Proteína - 23,3g

Estofado de Mariscos en Olla de Cocción Lenta

Ingredientes

- 2 lb. Mariscos (vieiras, patas de cangrejo, camarones grandes)
- 1 libra de papas holandesas, cortadas en trozos pequeños
- 1 x 28-oz. Tomates triturados
- 4 tazas de caldo vegetal
- ½ taza de vino blanco
- ½ taza de cebolla mediana, picada
- 3 dientes de ajo, picados
- 1 cucharadita de Albahaca deshidratada
- 1 cucharadita de Tomillo seco
- 1 cucharadita de Cilantro seco
- ½ cucharadita de Sal de apio

- ¼ cucharadita de Copos de pimiento rojo
- Pizca de pimienta de cayena
- ½ cucharadita de Sal
- ½ cucharadita de Pimienta negra

Instrucciones

1. Pon todos los ingredientes (excepto los mariscos) en la olla de cocción lenta. Tapa la olla y cocina a fuego lento durante 4-6 horas (o en fuego alto durante 2-3 horas).
2. Agrega los mariscos a la olla, cambia a alta y cocina durante 30 minutos a 1 hora o hasta que los mariscos estén completamente cocidos.
3. Sirve en tazones y sirve con pan integral si lo deseas.

Porciones: 6

Datos Nutricionales (por porción): Calorías - 236; Carbohidratos - 31g; Grasas- 1g; Proteínas - 22g

Sardinas a la Española en Cocción Lenta

Ingredientes

- 2 libras de cabezas de sardina, limpias
- 1 taza de aceite de oliva
- 1 taza de caldo de pescado (o vegetal)
- 1 zanahoria pelada (cortes finos redondos)
- 1 bulbo de ajo (cortado en cubitos de 2 pulgadas)
- 1 pepinillo (cortado en rodajas pequeñas)
- 1 jalapeño en escabeche (cortado en rodajas pequeñas)
- 5 chiles
- 3 hojas de laurel
- 1 cucharada de Granos de pimienta negra enteros
- Sal

Instrucciones

1. Primero, sumerge el pescado en salmuera durante aproximadamente media hora. Enjuaga y escurre.
2. Organiza las zanahorias y pepinillos.
3. Deja el pescado en una solución salmuera durante 30 minutos. Lava y escurre.
4. Organiza en capas los ingredientes, comenzando con zanahorias, ajo, pepinillos, jalapeño, chiles, hojas de laurel, ajo y granos de pimienta negra.
5. Organiza el pescado en la parte superior.
6. Agrega aceite de oliva y caldo.
7. Espolvorea el pescado con una generosa cantidad de sal.
8. Cocina a fuego lento durante 8 horas.

Porciones: 8-10

Datos Nutricionales (por porción): Calorías - 383; Carbohidratos - 2,54g; Grasas - 34,6g; Proteína - 15,8g

Camarones y Quinua a la Española en Cocción Lenta

Ingredientes

- 1 taza de quinua, lavada
- 1 x 10 onzas paquete de camarones pelados, desvenados, sin cola
- 1 x 14 onzas lata Tomates asados al fuego, escurridos
- 2 tazas de caldo vegetal
- 1 taza de espinacas
- ½ cucharadita de Pimienta de cayena
- ½ cucharadita de Pimentón ahumado
- 1 cucharadita de Cebolla en polvo
- 1 cucharadita de Cilantro deshidratado
- 2 cucharadas de Miel
- 1 cucharada de Salsa Worcestershire
- 1 cucharada de Aceite de oliva
- 1 cucharada de Jugo de lima
- Sal
- Pimienta negra

Para la guarnición:

- 1 taza de cebolla verde picada
- Queso de cabra orgánico desmenuzado

- Perejil y otras hierbas

Instrucciones

1. Cubre la olla con espray antiadherente para cocinar.

2. Pon la quinua, los camarones, los tomates, la miel, la salsa Worcestershire, las espinacas, la cebolla en polvo, la pimienta, el cilantro, el pimentón, el jugo de lima, el aceite de oliva y el caldo en el recipiente de la olla de cocción lenta. Mezcla bien.

3. Tapa la olla y cocina a fuego lento durante aproximadamente 3 - 3 ½ horas (o en temperatura alta durante 2 - 2 ½ horas).

4. Sazona con sal y pimienta, revuelve bien y transfiere a los tazones. Adorna con el queso de cabra desmenuzado, las cebollas verdes, el perejil y/u otras hierbas.

Porciones: 4

Datos Nutricionales (por porción): Calorías - 345; Carbohidratos - 47g; Grasas - 7g; Proteínas - 23g

Tilapia en Cocción Lenta

Ingredientes

- 2 libras de filete de tilapia, cortados en 8 trozos
- 1 taza de mayonesa
- Jugo de 1 limón
- 1 cucharada de Ajo fresco

Instrucciones

1. En un tazón pequeño, combina la mayonesa, el ajo y el jugo de limón.
2. Cepilla los filetes con la mezcla de mayonesa en ambos lados.
3. Forra el fondo de la olla con papel de aluminio. Asegúrate de tener varias opciones de acompañantes para servir. Coloca los filetes de pescado en la parte superior.
4. Asegúralo con la tapa y cocina a fuego lento durante aproximadamente 3-4 horas.

Porciones: 8

Datos nutricionales (por ración): Calorías - 176; Carbohidratos - 5.25g; Grasas - 7.32g; Proteínas - 22.94g

Judías Blancas y Atún en Cocción Lenta

Ingredientes

- 3 latas x 12 oz. Atún blanco en agua escurrido y desmenuzado
- 1 libra de frijoles blancos pequeños, remojados durante la noche, escurridos
- 2 tazas de tomates picados
- 6 tazas de Agua
- 1 diente de ajo, machacado
- 2 ramitas de albahaca finamente picada
- 4 cucharadas de Aceite de oliva
- Sal
- Pimienta negra fresca molida

Instrucciones

1. Precalienta una sartén grande a fuego medio y agrega aceite de oliva. Saltea el ajo durante 1 minuto. Desecha el ajo, pero guarda el aceite.
2. Agrega los frijoles a la olla de cocción lenta y vierte el aceite con sabor a ajo sobre ellos. Vierte el agua, cubre la olla y cocina a temperatura alta durante aproximadamente una hora.
3. Después de una hora, cambia a bajo y cocina durante 4-7 horas más o hasta que los frijoles estén tiernos. (Nota: El tiempo de cocción depende del tiempo de los frijoles y de tu olla. Solo para asegurarte, revísalos después de 4 o 5 horas).
4. Apaga la olla y luego agrega el atún, los tomates y la albahaca. Condimenta con sal y pimienta. ¡Sirve y disfruta!

Porciones: 6

Datos Nutricionales: Calorías - 472; Carbohidratos - 57g; Grasas - 13g; Proteínas - 34g

Cazuela de Atún y Papa en Olla de Cocción Lenta

Ingredientes

- 4 papas peladas y en rodajas
- 2 x 170g latas de atún, escurrido
- 1 x 10.75-oz. Lata de crema de apio
- 2 tazas de guisantes verdes
- 1 cucharada de Curry en polvo
- ¼ taza de agua

Instrucciones

1. Coloca la mitad de los tomates en el fondo de la olla. Luego, coloca la mitad de las verduras, el atún y ½ cucharada. de curry en polvo. Repite las capas.
2. Coloca la sopa encima antes de agregar el agua.
3. Tápala y cocina a fuego lento durante aproximadamente 7-10 horas o hasta que las papas estén tiernas.

Porciones: 4
Datos Nutricionales (por porción): Calorías - 403.7; Carbohidratos - 53.8g; Grasas - 8.2g; Proteína - 29.2

Moqueca con Tilapia y Camarones en Olla de Cocción Lenta

Ingredientes

- 2 libras de filete de pescado blanco, cortado en trozos pequeños
- 1 libra de camarones, pelados y desvenados
- 1 cebolla blanca, en rodajas finas
- 1 pimiento amarillo, en rodajas finas
- 1 taza de tomates, cortados en cubitos
- 1 cucharada de Ajo, machacado
- Jugo de 1 lima
- 2 tazas de leche de coco
- Sal
- Pimienta negra
- 1 manojo de cilantro, picado (para decorar)

Instrucciones

1. Coloca los tomates, pimientos, cebollas y ajo en el fondo de la olla.
2. Añade el jugo de lima y la leche de coco. Pon la olla a fuego alto y cocina durante aproximadamente una hora. Condimenta con sal y pimienta.
3. Coloca el pescado y los camarones sobre la mezcla y cambia la configuración a alta. Cocina por 20 minutos más. Antes de servir, cubre la moqueca con cilantro.

Porciones: 8

Datos Nutricionales (por porción): Calorías - 278; Carbohidratos - 5g; Grasas - 15g; Proteína - 32g

Carne y aves de corral

Estofado de Ternera con Mantequilla de Almendras

Ingredientes

- 2 lbs. Filete redondo, cortado en trozos de 1 ½ pulgada
- 5 tazas de caldo de huesos o caldo
- ½ taza de mantequilla de almendras cremosa sin azúcar
- 1 ½ tazas de tomates, cortados en cubitos
- 2 tazas de batatas, cortadas en cubitos
- 1 taza de zanahorias, cortadas en cubitos
- 1 ½ taza de judías verdes, picadas
- 1 cebolla grande, finamente picada
- 2 hojas de Laurel
- 1 cucharada de Aceite de coco
- 1 ½ cucharadita de Sal

- ¼ cucharadita de Pimienta negra

Instrucciones

1. Excepto las judías verdes, pon todos los ingredientes en la olla de cocción lenta. Mezcla bien.

2. Cubre la olla con la tapa y cocina a fuego lento durante aproximadamente 6-8 horas.

3. Pon las judías verdes en la olla en los últimos 30 minutos de cocción, revolviendo nuevamente para mezclar todo. Cubre con la tapa y continúa cocinando.

4. Antes de servir, retira las hojas de laurel. ¡Disfruta!

Porciones: 6

Datos Nutricionales (por porción): Calorías - 428; Carbohidratos - 10,79g; Grasas - 18,44g; Proteína - 52,22g

Strogonoff Balsámico de Pollo y Champiñones

Ingredientes

- 4 filetes de pechuga de pollo deshuesados y sin piel, en cubos
- 1 taza de yogur griego natural 2%
- 1 x 16 oz. paquete de champiñones en rodajas
- 1 taza de caldo de pollo sin grasa
- 1 cebolla amarilla, troceada
- 2 dientes de ajo, picados
- ½ cucharadita de Pimienta negra
- ½ cucharadita de Sal marina o Kosher

Instrucciones

1. Extiende el pollo en el fondo de la olla. Agrega el ajo, la cebolla, los champiñones, el vinagre y el caldo. Condimenta con sal y pimienta. Cubre la olla y ajusta a temperatura alta durante 3-4 horas (o 5-6 horas a temperatura baja).
2. Una vez hecho, agrega el yogur. Sirve con pasta integral o arroz integral si lo deseas.

Porciones: 8

Datos Nutricionales (por porción): Calorías - 187; Carbohidratos - 9g; Grasas - 4g; Proteína - 27g

Estofado de Ternera, Cebada y Verduras

Ingredientes

- Dientes de ajo picados
- 3 cucharadas de Aceite de oliva
- Tazas de caldo de pollo o ternera, dividido
- 1 libra de carne de res, dividida y cortada en 3 partes
- ½ lb. de papas pequeñas, cortadas a la mitad
- 1/2 taza de cebada perlada
- Ramitas de tomillo
- 1 libra de calabaza mantequilla mediana, cortada en cubitos
- Sal y pimienta al gusto

Instrucciones

1. Vierte una cucharada de aceite de oliva en una sartén grande a fuego medio-alto.
2. Sazona la carne con sal y pimienta y cocina en la sartén caliente hasta que se dore por todos los lados. Una vez hecho esto, transfiere la carne a la olla de cocción lenta.
3. Agrega el aceite restante y saltea el ajo antes de agregar tomillo. Cuando se dore y percibas el aroma, agrega 2 tazas de caldo. Continúa cocinando y revolviendo, raspando el fondo de la sartén para quitar los pedazos que se pegan al fondo.
4. Vierte la mezcla en la olla de cocción lenta y agrega la calabaza, las papas, la cebada junto con las dos tazas restantes de agua y 2 tazas de caldo. Asegura la tapa y cocina a temperatura alta durante 4 horas u 8 horas a temperatura baja. Verifica luego su ternura. Una vez hecho, desmenuza con tenedores. Verifica el sabor deseado y realiza el ajuste del condimento si es necesario.

Porciones: 8

Datos Nutricionales (por porción): Calorías - 298; Carbohidratos - 32.02 Grasas - 11.41; Proteínas –18.96

Albóndigas de Pollo en Cocción Lenta

Ingredientes

Para las albóndigas:

- 1 libra de carne de pollo molida
- 2 cucharaditas de Condimento para aves
- 2 cucharaditas de Perejil seco o cilantro
- 2 cucharadas de Aceite de oliva
- Para la salsa:
- 1 taza de caldo de pollo
- 13.5 onzas de leche de coco
- 2 cucharadas de Curry en polvo
- 1 cucharadita de Ajo en polvo
- ½ cucharadita de Sal

Otros:

- ½ taza de crema espesa
- ½ cebolla mediana amarilla o blanca, picada
- 1 batata grande, pelada y en cubos
- 2 cucharadas de Mantequilla

Instrucciones

1. Incorpora todos los ingredientes de las albóndigas en una bola de mezcla grande.
2. Haz albóndigas del tamaño de pelotas de ping pong y alinéalas en una sola capa en el fondo de la olla.
3. En otro tazón, combina todos los ingredientes de la salsa y vierte sobre las albóndigas.
4. Cubre con cebolla, papas en cubos y mantequilla.
5. Tapa la olla y cocina a temperatura alta durante aproximadamente 4 horas (o 6-8 horas a temperatura baja). Asegúrate de que las albóndigas estén bien cocidas.
6. Agrega la crema espesa y mezcla bien antes de servir. Sirve con arroz si lo deseas.

Porciones: 4

Datos Nutricionales: Calorías - 623; Carbohidratos - 15g; Grasas - 54g; Proteína - 24g

Pollo Tomatillo Verde

Ingredientes

- 4 x 6oz. Pechugas de pollo deshuesadas y sin piel
- 4 tomatillos, desgranados y enjuagados
- 2 x 15 oz. Latas de garbanzos escurridos y enjuagados
- 1 taza de hojas frescas de albahaca
- 2 tazas de col rizada baby, picada
- ½ cebolla picada
- ½ cucharadita de Sal
- ½ taza de crema agria (opcional)

Instrucciones

1. Pon los tomatillos en la olla de cocción lenta, agrega 2 cucharadas de agua y tapa la olla. Pon la olla a fuego alto y cocina durante una hora o hasta que los tomatillos estén suaves.
2. Una vez cocido, transfiere los tomatillos en un plato y deja enfriar durante unos 5 minutos.
3. Mientras tanto, procesa la albahaca, la col rizada, la cebolla y la sal en el procesador de alimentos hasta que estén finamente picados. Agrega los tomatillos enfriados (dependiendo del procesador que uses, puede que tengas que cortar los tomatillos primero) y procesa nuevamente hasta que se consiga la consistencia de la salsa.
4. Coloca los garbanzos en la olla de cocción lenta (está bien no lavar la olla después de los tomatillos) y coloca las pechugas de pollo sobre los garbanzos. Rocía con la mitad de la salsa, cubre con la tapa y cocina a fuego lento durante aproximadamente 1-2 horas o hasta que el pollo esté bien cocido.
5. Divide el pollo entre cuatro platos y coloca encima las verduras (salsa y todo). Sirve con la salsa y la crema agria restantes (si lo deseas).

Porciones: 4

Datos Nutricionales (con crema agria): Calorías - 475; Carbohidratos - 26g; Grasas - 14g; Proteínas - 66g

Asado de Cerdo con Arándanos

Ingredientes

- 1 lata de 15 onzas de salsa de arándanos y bayas enteras
- lb. Paletilla de cerdo con hueso
- ¼ taza de cebolla picada seca
- ¼ taza de Miel

Instrucciones

1. Pon todos los ingredientes en la olla y ponlo a fuego lento durante aproximadamente 6-8 horas. Una vez hecho, desmenuza el cerdo con un tenedor y sirve con verduras.

Porciones: 8

Datos Nutricionales (por porción): Calorías - 298; Carbohidratos - 32.02 Grasas - 11.41; Proteínas – 18.96

Carne de Res Cubana

Ingredientes

- 4 tazas de arroz de coliflor
- 2 lb de carne de res asada
- 1 x 6 oz. Lata de pasta de tomate
- 1 taza de caldo de res
- ½ taza de cilantro, troceado
- 1 chile poblano picado
- 1 cebolla blanca mediana
- 2 cucharadas de Aceite de oliva
- 2 cucharadas de Comino
- 1 cucharada de ajo
- 1 cucharada de Orégano
- 1 cucharada de Paprika ahumada
- 1 lima, cortada en gajos

Instrucciones

1. Corta la cebolla a la mitad. Corta la primera mitad en rodajas finas, mientras que la otra mitad debe picarse.
2. Coloca una sartén grande a fuego medio-alto y vierte el aceite de oliva. Una vez caliente, dora la carne por 2 minutos por ambos lados.
3. Transfiere la carne con aceite y jugos a la olla de cocción lenta. Agrega las cebollas en rodajas y el chile poblano. Vierte el caldo y luego agrega la pasta de tomate, el ajo, el pimentón y el comino. Tapa la olla y cocina a fuego lento durante 6-8 horas.

4. Cuando la carne ya está bien tierna, transfiérela a un plato y desmenuza utilizando tenedores. Una vez hecho esto, lleva la carne desmenuzada a la olla y cocina por otros 30 minutos.

5. Sirve sobre arroz de coliflor con cilantro, cebolla picada y una rodaja de limón como aderezo.

Porciones: 4

Datos Nutricionales: Calorías - 615; Carbohidratos - 21.28g; Grasas - 29,14g; Proteínas - 72.06g

Tacos de Cerdo Cubanos con Patacones

Ingredientes

Para la marinada:

- ½ taza de jugo de naranja
- ¼ taza de Cilantro, picado
- 3 dientes de ajo, pelados
- 2 cucharadas de Aceite de oliva
- ½ cucharadita de Pimiento rojo o cayena
- ½ cucharadita de Comino
- ¼ cucharadita de Orégano seco
- 3 cucharadas de Jugo de lima

En la olla de cocción lenta:

- 1 libra de cerdo magro o lomo de cerdo
- 1 cebolla blanca pequeña picada
- ½ cucharadita de Sal
- ½ cucharadita de pimienta negra

Para la decoración:

- 1 plátano verde, pelado y en rodajas
- ⅓ taza de cebolla, picada
- ½ cucharada de Aceite de oliva

Para servir:

- 6-7 Tortillas duras para tacos integrales
- 1 taza de repollo morado, rallado
- Rodajas de aguacate
- Salsa de chile
- Copos de pimiento rojo
- Cilantro

Instrucciones

1. Primero, prepara tu marinada agregando todos los ingredientes a la licuadora o al procesador de alimentos. Procesa hasta que quede suave y reserva.

2. Crea un corte vertical en el centro de la carne de cerdo para que vaya de arriba a abajo. Frota con sal y pimienta negra. Agrega aceite, cebolla y escabeche encima, asegurándote de que entre en la parte cortada de la carne de cerdo.

3. Cocina a fuego lento durante aproximadamente 3 ½ -5 horas (o 2 horas a fuego alto). Verifica después de 1 hora y media y corta la carne de cerdo, vuelve a colocar en la olla para obtener una carne más jugosa.

4. Una vez hecho, ponlo a calentar mientras haces los plátanos.

5. Para los plátanos, calienta el aceite en la sartén. Agrega las cebollas y el plátano verde. Fríe por unos 10 minutos.

6. Para servir, vierte la carne en los tacos. Agrega el plátano, el aguacate, el repollo, las hojuelas de pimiento rojo, el cilantro y la salsa de chile.

Porciones: 6-7

Datos Nutricionales (por porción): Calorías - 212; Carbohidratos - 22.9g; Grasas - 6,8g; Proteínas - 16.3g

Albóndigas de Pollo al Curry

Ingredientes

Para las Albóndigas:

- 1 libra de pollo picado
- Cucharadas de aceite de oliva
- cucharadita de Sazón para aves
- cucharadita de Perejil deshidratado

Para la Salsa:

- cucharada de Curry en polvo
- 1 cucharadita de Ajo en polvo
- 1 batata grande, pelada y en cubos
- 1/2 taza de crema de coco entera
- 1 taza de caldo de pollo
- 13.5 onzas de leche de coco
- 1/2 cebolla blanca mediana, picada
- 1/2 cucharadita de Sal
- cucharada de Aceite de coco

Instrucciones

1. Combina todos los ingredientes de albóndigas en un tazón.
2. Mezcla bien con las manos.
3. Forma albóndigas del tamaño de una pelota de ping pong.
4. Organiza dentro de una olla de cocción lenta en una sola capa.
5. En otro tazón, vierte todos los ingredientes de la salsa sobre las albóndigas con la excepción de la crema de coco.
6. Agrega las batatas con cebolla y rocíalas con aceite de coco. Tapa la olla y cocina durante 6-8 horas a temperatura baja o 4 horas a temperatura alta.
7. Una vez que las albóndigas estén cocidas, agrega crema de coco con toda la grasa y mezcla bien.
8. Sirve con o sobre arroz (a tu gusto).

Porciones: 4

Datos Nutricionales (por porción): Calorías - 623; Carbohidratos - 15g; Grasa - 32g; Proteína - 224g

Pollo al Ajillo con Cuscús de Trigo Integral

Ingredientes

- 1 pollo entero (cortado en 6 piezas)
- Sal gruesa y pimienta molida
- 1 cucharada de Aceite de oliva extra virgen
- 1 cebolla mediana amarilla, en rodajas finas
- Dientes de ajo, cortados en mitades
- cucharadita de Tomillo seco
- 1 taza de vino blanco seco
- 1/3 taza de harina integral
- 1 taza de cuscús de trigo integral
- Perejil fresco picado, para servir

Instrucciones

1. Frota el pollo con sal y pimienta.

2. Precalienta una sartén antiadherente y agrega aceite de oliva o aceite de coco. Cocina el pollo en lotes a fuego medio-alto. Comienza a cocinar con la piel del pollo hacia abajo y espera hasta que se vuelva de color marrón dorado.

3. Prepara la olla de cocción lenta y agrega cebolla, tomillo y ajo antes de colocar los trozos de pollo encima con la piel hacia arriba.

4. Cocina a fuego alto durante 3 horas y media, o si usas la temperatura baja en tu olla de cocción lenta, durante 8 horas. Sigue correctamente las instrucciones del paquete cuando cocines cuscús de trigo integral.

5. Sirve el pollo sobre el cuscús y espolvorea el perejil encima.

Porciones: 6

Datos Nutricionales (por porción): Calorías - 92; Carbohidratos - 14.55 Grasas - 2.86; Proteína - 2.78

Filete Salisbury Sin Gluten

Ingredientes

Para el bistec:

- 2 libras de carne de res orgánica
- 1 taza de chicharrones triturados
- 8 onzas de champiñones baby
- 2 huevos
- 2 tazas de caldo de res bajo en sodio, dividido
- 1 taza de cebolla picada
- ¼ taza de linaza molida
- ½ cucharadita de Cebolla en polvo
- ½ cucharadita de Sal
- ¼ cucharadita de Pimienta

Para la salsa:

- 1 cucharadita de Mostaza seca molida
- 2 cucharadas de Polvo de arrurruz
- 1 cucharadita de Salsa Worcestershire
- 2 cucharadas de Pasta de tomate
- 1 cucharada de Vinagre de vino tinto
- 1 cucharadita de Ajo en polvo
- 1 cucharadita de Aceite de oliva

Instrucciones

1. Pon una sartén grande a fuego medio y saltea las cebollas hasta que se doren.
2. Coloca la carne de res, las cortezas de cerdo, los huevos, la linaza, la sal, la pimienta negra y las cebollas salteadas en un tazón grande. Vierte ½ taza de caldo y mezcla todo bien.
3. Haz 8 empanadas de forma ovalada y colócalas en el fondo de la olla de cocción lenta. Agrega los champiñones encima.
4. Agrega los ingredientes de la salsa al caldo restante y mezcla bien. Vierte esto sobre las empanadas y cocina a fuego lento durante 6 horas (o a fuego alto durante aproximadamente 3 horas).

Porciones: 8

Datos Nutricionales: Calorías - 486; Carbohidratos - 7,9g; Grasas - 26,3g; Proteína - 50,7g

Pollo a la Cúrcuma con Limoncillo en Cocción Lenta

Ingredientes

- 1 lata de leche de coco descremada
- 1 libra de pechuga de pollo
- 1 tallo de limoncillo
- 1 chalote pequeño
- Dientes de ajo
- 1 chile rojo pequeño (opcional)
- Cucharada de salsa de pescado
- 1 cucharada de mantequilla orgánica
- 1 cucharada de jengibre fresco picado
- 1 cucharada de polvo de cúrcuma
- 1 cucharadita de azúcar morena
- Cilantro fresco para adornar
- ½ taza de arroz blanco (para servir)

Instrucciones

1. Lava y pica el limoncillo, el chile, el jengibre y los chalotes. Pásalos por un procesador de alimentos y mézclalos con una cierta cantidad de leche de coco hasta que la consistencia sea suave.

2. Vierte la mezcla en la olla de cocción lenta y agrega la salsa de pescado, el azúcar, la mantequilla orgánica y el polvo de cúrcuma. Además, agrega el pollo y cúbrelo con la salsa. Cocina por 2-3 horas en alto.

3. Sirve el plato de pollo con salsa junto con arroz cocido y adorna con cilantro.

Porciones: 8

Datos Nutricionales (por porción): Calorías - 215; Carbohidratos - 7.64 Grasas - 26.91; Proteínas - 26.51

Pollo Balsámico Simple

Ingredientes

- 4-6 (alrededor de 2.5 libras) Pechugas de pollo deshuesadas y sin piel
- ½ taza de vinagre balsámico
- 1 x 16 onzas tarro de salsa *Chunky*

Instrucciones

1. Pon las pechugas de pollo a la olla. Vierte el vinagre balsámico y cubre con salsa y cocina el plato a fuego alto durante aproximadamente 4 horas (o a fuego lento durante 6 horas).
2. Transfiere las pechugas de pollo a un plato y desmenúzalas con tenedores.
3. Pon la mezcla de salsa en un tazón para servir. Agrega el pollo desmenuzado nuevamente a la mezcla de salsa. Sirve con hojas de lechuga y/o pan integral.

Porciones: 6 (porción de 1 ½ tazas)

Datos Nutricionales: Calorías - 263; Carbohidratos - 8g; Grasas - 5g; Proteínas - 35g

Cerdo Georgia Desmenuzado a la Barbacoa

Ingredientes

Para la salsa barbacoa:

- Una pizca de cayena
- 2 tazas de vinagre de sidra
- 1/3 cucharadas de Pimienta
- 6-oz. Jugo de tomate
- Una pizca de salsa picante
- 1 cucharada de Azúcar
- 1 cucharadita de Ajo en polvo

Para el Asado
- 4-6 libras de lomo de cerdo asado, con hueso
- Pan integral para servir
- 1 cucharadita de Paprika ahumada
- 2 cucharaditas de Azúcar moreno claro
- 2 cebollas dulces medianas, cortadas en cuartos
- Una pizca de pimienta negra
- 2 cucharaditas de Sal

Instrucciones

Para la Salsa:

1. Pon las cebollas en una licuadora y agrega ¼ de taza de agua. Haz puré hasta obtener la consistencia deseada.
2. Coloca las cebollas hechas puré en una cacerola. Agrega el agua necesaria para cubrir y deja hervir. Reduce el calor mientras revuelves continuamente hasta que el agua se evapore casi por completo.
3. Agrega jugo de tomate, vinagre, salsa picante, pimienta, pimienta y ajo en polvo. Permite que hierva a fuego lento antes de agregar el azúcar. Revuelve y retira rápidamente del fuego. Coloca una taza de salsa para el asado mientras dejas que la salsa restante se enfríe. Mantén en la nevera para su uso posterior.

Para el Asado:

1. Extiende las cebollas en cuartos en el fondo de la olla de cocción lenta.
2. En un tazón, combina el pimentón, la sal y el azúcar morena y frota esta mezcla por todo el asado. Cocina el asado en la olla de cocción lenta durante aproximadamente 10-12 horas a fuego lento. Verifica su ternura en la décima hora.
3. Retira el asado de la olla de cocción lenta y transfiérelo a una fuente. Descarta las cebollas.
4. Desmenuza la carne en trozos finos. Vierte el jugo restante de la olla de cocción lenta.
5. Sirve en panecillos.

Porciones: 10

Datos Nutricionales (por porción): Calorías -183; Carbohidratos - 4.1 Grasas - 10.77; Proteína –31.94

Kebabs - Cocción Lenta

Ingredientes

- libras Carne de pollo, en cubos
- Pimientos verdes frescos, picados
- 1 piña fresca, grande y cortada en trozos
- Condimento griego para todo uso
- Salsa barbacoa
- Pimienta
- Sal
- Pinchos de barbacoa

Instrucciones

1. Lava el pollo en agua fría. Además, limpia la brocheta de bambú y reserva para un uso posterior. Recorta para que quepa dentro de tu olla de cocción lenta.

2. Seca la carne en toallas de papel y sazona con sal, pimienta y mezcla de especias.

3. Inserta la carne, la piña y la pimienta de forma alterna en la brocheta y colócala dentro de la olla de cocción lenta. Cocina a temperatura alta durante 4 horas si no tienes mucho tiempo para esperar. Puedes cocinar a fuego lento durante 8 horas.

4. Retira después del tiempo asignado y unta con la salsa BBQ.

5. Asa a fuego alto durante 1 minuto por cada lado y sirve con ensalada u otros acompañantes. También es delicioso con arroz blanco.

Porciones: 4

Datos Nutricionales (por porción): Calorías 379.6; Carbohidratos - 28g; Grasa - 7.2g; Proteína - 49.5

Pollo al Limón en Cocción Lenta

Ingredientes

- Mitades de pechugas de pollo, sin piel y con hueso
- 1 cucharadita de Orégano seco
- 1/2 cucharadita de Sal
- 1/4 cucharadita de Pimienta
- cucharada de Mantequilla
- 1/4 taza de agua
- cucharada de Jugo de limón
- Dientes de ajo, picados
- cucharadita de Perejil fresco, picado
- Arroz cocido

Instrucciones

1. Limpia el pollito y sécalo con toallas de papel.
2. En un tazón, combina el orégano con sal y pimienta y frota uniformemente sobre las pechugas de pollo.
3. Precalienta la sartén antiadherente a fuego medio y dora la mantequilla en aceite de oliva antes de transferirla a la olla de cocción lenta.
4. Agrega agua, ajo y extracto de jugo de limón a la sartén. Lleva a ebullición y afloja los trozos pegados al fondo de la sartén. Vierte la mezcla en la olla de cocción lenta. Agrega el pollo y tapa la olla. Cocina durante aproximadamente 5-6 horas a temperatura baja.
5. Rocía las pechugas de pollo con los jugos de cocinar y luego agrega el perejil. Cubre el plato y continúa cocinando 15-30 minutos más o hasta que los jugos de carne salgan claros.
6. Sirve con arroz.

Nota: Es posible que desees espesar el jugo cocinando antes de servir.

Porciones: 6

Datos Nutricionales (por porción): Calorías – 336; Carbohidratos – 1g; Grasas – 10g; Proteínas – 56g

Arroz Mexicano en Cocción Lenta

Ingredientes

- 1 taza de caldo de pollo
- 1 taza de arroz blanco
- ½ taza de tomates enlatados cortados en cubitos
- ½ Jalapeño sin semillas y cortado en cubitos
- ½ cucharadita de Orégano seco
- ½ cucharadita de Chile en polvo
- 1 taza de salsa de tomate
- 1 cucharadita de Comino
- Lata de 4 onzas de chiles verdes cortados en cubitos
- ½ cucharadita de Sal
- ¼ cucharadita de Pimienta
- Cilantro fresco, para adornar
- Limas en rodajas, para adornar

Instrucciones

1. Engrasa el interior de la olla de cocción lenta con aceite de oliva.
2. Agrega todos los ingredientes a excepción de aquellos para adornar.
3. Coloca en la olla de cocción lenta el arroz blanco, el caldo de pollo, la salsa de tomate, los tomates cortados en cubitos y el resto de los ingredientes con la excepción del cilantro fresco y las limas para decorar en la olla de cocción lenta.
4. Cocina a temperatura alta por 2 ½ horas o si está a temperatura baja, ajusta por 5 horas.
5. Decora con el cilantro y los gajos de lima.

Porciones: 4

Datos Nutricionales (por porción): Calorías -109; Carbohidratos - 19.34 Grasas - 1.22g; Proteínas –3.84g

Chuletas de Cerdo con Piña y Salsa Barbacoa en Olla de Cocción Lenta

Ingredientes

- 6 x 5 oz. Chuletas de Cerdo
- 1 x 8oz. Lata de trozos de piña
- 1 taza de salsa barbacoa con miel casera
- 1 cebolla amarilla, picada
- ⅓ taza de jugo de piña (de la lata de trozos de piña)
- Sal
- Pimienta fresca molida

Instrucciones

1. Frota las chuletas de cerdo con sal y pimienta y reserva.
2. Combina la salsa de barbacoa, los trozos de piña y las cebollas en un tazón. Mezcla bien.
3. Vierte la mitad de la salsa de barbacoa y el jugo de piña en el fondo de la olla. Acomoda las chuletas de cerdo y luego vierte la mezcla de salsa restante.
4. Tapa la olla y cocina a temperatura alta durante aproximadamente 2 ½ a 3 horas (o 4-5 horas a temperatura baja) hasta que las chuletas de cerdo estén completamente cocidas.
5. Transfiere las chuletas de cerdo a un plato para servir, colocando la salsa sobre la carne de cerdo. Es preferible servir con arroz integral o verduras al vapor.

Porciones: 6

Datos nutricionales (por chuleta de cerdo): Calorías - 377; Carbohidratos - 21g; Grasas - 15g; Proteínas - 35g

Pierna de Cordero Asada con Salsa en Cocción Lenta

Ingredientes

- Pierna de cordero de 4 lb, con hueso (asegúrate de que quepa en la olla)
- 2 tazas de caldo de res
- 2 dientes de ajo grandes, picados
- 1 ½ cucharadita de Tomillo seco
- 1 cucharada de Aceite de oliva
- 1 cucharadita de Sal
- Pimienta negra

Para la salsa:

- 2 tazas de líquido para estofado de la olla de cocción lenta, colado
- 3 cucharadas de Mantequilla orgánica
- 3 cucharadas de Harina de trigo integral
- Sal
- Pimienta

Instrucciones

1. Frota el cordero con sal, pimienta, ajo, tomillo y aceite por ambos lados.
2. Vierte el caldo de carne en la olla y pon a fuego lento durante aproximadamente 10 horas o hasta que el cordero esté tierno.
3. Retira de la olla y transfiere a una bandeja. Rocía ligeramente con

aceite y hornea por 20 minutos a 390°F o hasta que se dore. Déjalo reposar durante 10 minutos antes de servir.

4. Para la salsa, cuela el líquido de la cocina usando un colador de malla fina en un tazón. Mide 3 tazas de líquido, reservando un poco por si acaso.

5. Derrite la mantequilla en una cacerola a fuego medio y luego agrega la harina. Cocina durante aproximadamente un minuto. Agrega un poco de líquido a la vez, batiendo a medida que avanzas. Asegúrate de que no haya grumos.

6. Una vez que hayas vertido todo el líquido, ajusta el fuego a medio-alto hasta que la salsa espese. Usa el líquido reservado si necesitas ajustar la consistencia.

Porciones: 5

Datos Nutricionales: Calorías - 747; Carbohidratos - 5.2g; Grasas - 50,7g; Proteínas - 63.2g

Carne Asada con Especias

Ingredientes:

- 1 cucharadita de Vinagre balsámico
- 2 libras. de ternera cruda deshuesada
- Dientes de ajo, picados
- 1 cucharada de Salsa de soja
- Mezcla de especias
- tazas de champiñones enteros, troceados
- tazas de judías verdes
- cucharada de Agua
- cucharadita de Salsa Worcestershire
- cucharadita de Mostaza seca.
- tazas de tallos de apio, cortados en cubitos
- tazas de cebollín picado
- 1 cucharada de Pimienta negra
- ½ cucharadita de Sal

Instrucciones

1. Retira la grasa visible de la carne y haz algunos cortes en la parte superior. Frótalo con pimienta negra y ajo y colócalo dentro de la olla de cocción lenta.
2. Combina todos los ingredientes restantes excepto las verduras y agrégalos a la olla de cocción lenta. Cubre y cocina a fuego lento durante 8-10 horas o 4-5 horas a temperatura alta.
3. Agrega verduras durante los últimos 30-60 minutos de asado.

Porciones: 4

Datos Nutricionales (por porción): Calorías - 536; Carbohidratos - 7.94 Grasas - 28.98; Proteínas - 51.18g

Pollo con Boniato

Ingredientes

- zanahorias grandes, peladas y cortadas en rodajas
- 1 cebolla, pelada y en rodajas
- Pechugas de pollo
- Boniatos, pelados y troceados
- cucharada de Sirope de arce
- cucharada de Aceite de oliva
- Ramitas de tomillo fresco
- Sal y pimienta al gusto

Instrucciones

1. En tu olla de cocción lenta, agrega batatas, zanahorias y rodajas de cebolla. Vierte el sirope de arce y coloca las pechugas de pollo encima sazonadas con sal y pimienta. Rocía con aceite de oliva y cubre con ramitas de tomillo. Pon la olla a temperatura alta durante 6 horas y deja que se cocine sola.

Chana Masala Vegana

Ingredientes

- 1 cucharada de Aceite de oliva
- 1 cucharada de Jengibre recién rallado
- 1 cebolla grande, picada muy fina
- dientes de ajo, picados muy finos
- 1/2 cucharadita de Sal
- 1/4 cucharadita de Pimienta recién molida
- Chiles tailandeses, cortados en cubitos
- 2 latas de 15 onzas de garbanzos, escurridos
- 1/2 cucharadita de Cúrcuma
- Cucharada de Condimento Chana Masala (opción: garam masala)
- 3-oz. Pasta de tomate
- 2 tazas de Caldo Vegetal
- Cilantro picado, para adornar
- Arroz cocido o pan naan para servir

Instrucciones

1. Calienta una pequeña cantidad de aceite de oliva en una cacerola. Saltea el jengibre, el ajo y la cebolla, uno tras otro. Una vez que las cebollas se vuelvan transparentes, agrega pimientos, chiles, cúrcuma y condimentos. Además, añade sal. Cocina hasta que los chiles se ablanden y el aroma del plato persista.

2. Vierte la mezcla en la olla de cocción lenta con pasta de tomate, caldo de verduras y garbanzos. Tapa la olla de cocción lenta y cocina durante 4-6 horas a fuego lento hasta que la salsa se espese. Si deseas una salsa más líquida, puedes agregar más caldo de verduras.

Porciones: 4

Datos Nutricionales (por porción): Calorías -570; Carbohidratos - 66.06 Grasas - 17.84g; Proteínas –38.55g

CONCLUSIÓN

No podemos escapar de la inflamación. Es nuestra defensa del cuerpo contra cualquier irritante de fuentes externas. En cierto modo, cualquier inflamación es una señal de que el sistema inmunológico de nuestro cuerpo está luchando contra cualquier elemento indeseable que esté tratando de hacernos daño.

Sin embargo, cuando la inflamación es recurrente, hay una causa subyacente más grave, por lo tanto; no debemos descuidar ningún signo de inflamación. Para ayudar a nuestro cuerpo a luchar contra los elementos inflamatorios, es esencial que cuidemos lo que ingresa a nuestro cuerpo; necesitamos ser conscientes de lo que estamos comiendo.

Nuestra dieta juega un papel importante en el acondicionamiento de nuestro cuerpo y cada alimento que comemos y evitamos tiene su impacto en el funcionamiento y el rendimiento de nuestro cuerpo.

Hemos hecho todo lo posible a través de este libro para darte una mejor comprensión de la importancia de la dieta antiinflamatoria, en particular sobre qué comer y qué evitar. De esta manera, puedes ayudar a tu sistema inmunitario a optimizar su rendimiento y proporcionarle una mejor nutrición.

Si bien la mayoría de los nutrientes de los alimentos, especialmente en las verduras, se desperdician especialmente en el proceso de ebullición y los sabores naturales disminuyen a alta presión, la olla de cocción lenta ofrece una mejor opción para minimizar o evitar el escape de valiosos nutrientes que el cuerpo necesita.

Hemos incluido aquí ricas y deliciosas recetas antiinflamatorias que son perfectas no solo para tus papilas gustativas, sino que también ayudarán a estimular tu sistema inmunológico para un funcionamiento y rendimiento óptimos.

Además, este libro te brinda los beneficios de un moderno aparato de cocina: la olla de cocción lenta, ¡lo que te brinda la eficacia de preparar una dieta saludable para ti y tu familia!

www.ingramcontent.com/pod-product-compliance
Lightning Source LLC
Chambersburg PA
CBHW020136130526
44591CB00030B/64